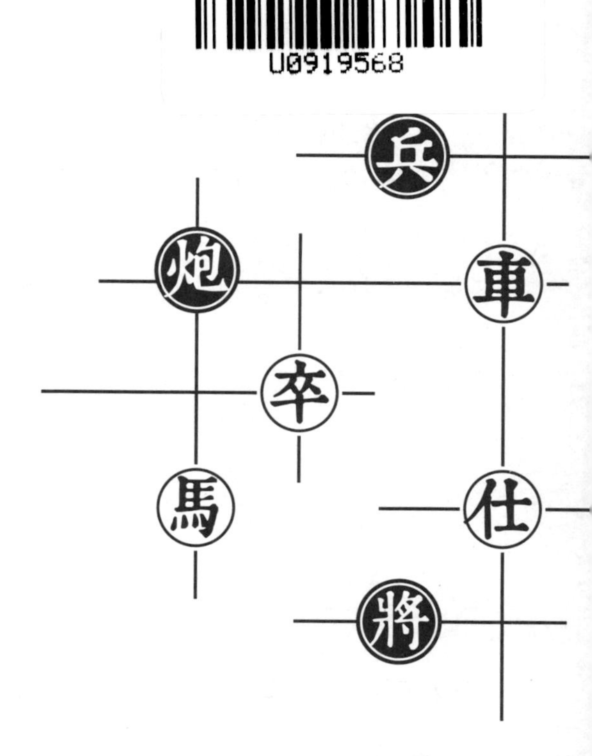

陈　平◎主编

刘长勇◎副主编

南海出版公司

2024·海口

图书在版编目（CIP）数据

象棋入门 / 陈平主编 . -- 海口 : 南海出版公司，2024. 9. -- ISBN 978-7-5735-1016-7

Ⅰ . G891.2

中国国家版本馆 CIP 数据核字第 2024ZN8098 号

XIANGQI RUMEN

象棋入门

主　　编　陈　平
责任编辑　聂　敏
美术设计　晴晨时代
出版发行　南海出版公司　　电话：（0898）66568511（出版）
　　　　　　　　　　　　　　　　（0898）65350227（发行）
社　　址　海南省海口市海秀中路 51 号星华大厦 5 楼　邮编 :570206
电子信箱　nhpublishing@163.com
经　　销　新华书店
印　　刷　河北赛文印刷有限公司
开　　本　710 毫米 ×1000 毫米　1/16
印　　张　10.25
字　　数　128 千字
版　　次　2024 年 9 月第 1 版　　2024 年 9 月第 1 次印刷
书　　号　ISBN 978-7-5735-1016-7
定　　价　66.00 元

编委会

序　言

习近平总书记说：“人民对美好生活的向往就是我们的奋斗目标。”美好的生活，既需要物质生活的丰富，更需要精神生活的充实。象棋文化作为中华优秀传统文化，不仅丰富了人们的精神生活，更是人民实现向往的良好载体！

象棋，是中华民族的文化瑰宝，是一项集智力、竞技、趣味、艺术于一身的高雅运动。1956年，象棋被列为国家体育项目。2008年，象棋经国务院批准被列入第二批国家级非物质文化遗产名录。

象棋萌芽于春秋战国、发展于秦汉、定型于唐宋，有着几千年的历史，无论王侯将相、达官显贵，还是贩夫走卒、市井百姓，都乐此不疲。很多历史名人通过象棋流传下来不少逸闻趣事：赵匡胤弈棋输华山、文天祥正气凛然“单骑见虏”、王阳明曾经痴迷象棋被母惩戒……当代无产阶级革命家周恩来、朱德、陈毅、邓小平等也喜欢下象棋，他们在戎马倥偬的战争年代，也会忙里偷闲下下棋，在棋盘上演绎不一样的“金戈铁马”。

“国运兴，棋运兴”，近年来，国家出台了一系列优秀传统文化进校园的政策，象棋在广大青少年中得到了传承和普及。象棋不仅有助于开发学生的智力，培养青少年良好的兴趣和爱好，更有助于提高他们的逻辑思维能力、形势判断能力、敏锐洞察力、独特创造力、挫折承受力，提高他们的核心素养！

本书系统介绍了象棋常见布局、基本杀法、中局战术，并收录了经典名局，图文并茂，通俗易懂，非常适合广大青少年象棋爱好者入门学习和提高技艺。基于儿童的认知水平，我们从象棋文化入手，让孩子了解象棋、走进象棋、热爱象棋，遵循先残局、再开局、后中局的教学思路，由浅入深，循序渐进。通过学习杀法训练、基本战术，提高孩子的计算能力和运子技巧；通过学习开局定式与棋理，培养学生全局观念，明白“开好头，走好每一步”的至简道理；通过对古谱的了解，认识象棋文化的博大精深和古人的智慧；通过对棋人棋事的了解，懂得什么是“有志者事竟成”。

《象棋入门》是专门为青少年量身打造的象棋教程，既适合象棋教师开展儿童象棋教学，也可作为家长陪伴孩子学习象棋的参考用书。希望更多的小朋友能爱上象棋，学会思考，在棋盘上，认真走好每一步，争取胜利；在成长的道路上，“扣好人生的第一粒扣子”，从棋盘的小世界中走出来，去赢得人生的大棋局。

石安庆[①]

① 石安庆，重庆象棋协会党支部书记、副会长，重庆文化和旅游发展研究会智库专家。

目录

目录

目录

目录

第一章 象棋文化

中国象棋，是中国传统文化的重要组成部分。它源远流长，有着悠久的历史和深厚的文化底蕴。

象棋是中华民族的文化瑰宝。它不仅可以锻炼人的思维能力和判断能力，还可以让人领略到中国传统文化的博大精深。它不仅体现了中国古代人民的智慧，而且还在世界范围内引起了广泛的关注和研究。

第一节 象棋的起源

关于中国象棋的起源，在中国古文献中有许多说法：

一、起源于上古时期的神农氏。元代僧人念常《佛祖历代通载》称："神农以日月星辰为象，唐相国牛僧孺用车、马、士、卒加炮代之为机矣。"

二、起源于上古时期的黄帝。北宋晁补之《广象戏·序》说："象戏，兵戏也，黄帝之战驱猛兽以为阵；象，兽之雄也，故戏兵以象戏名之。"

三、起源于周武王伐纣之时。明代谢在杭《五杂俎》认为："象戏，相传为周武伐纣时作，即不然，亦战国兵家者之流，盖彼时犹重车战也。"

四、起源于楚汉相争时期。相传楚汉相争时，韩信为了教士兵兵法，发明了象棋，棋盘上的"楚河　汉界"象征着楚汉之间的界限。

五、起源于战国之时。《潜确居类书》载有"雍门周谓孟尝君：'足下燕君，则斗象棋，亦战国之事也。'盖战国用兵，故时人用战争之象为棋势也"。

六、起源于北周武帝之时。《太平御览》说："周武帝造象戏。"明代罗颀《物原》说："周武帝作象棋。"

这些记载表明，象棋的历史是一个复杂且多元的话题。历史证明，象棋是中国古代劳动人民在长期实践中不断创造、革新的成果。

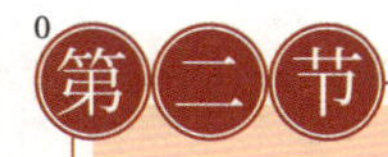

象棋的发展

早在战国时期，中国就已经有了关于象棋的正式记载。早期的象棋，棋制由棋、箸、局三种器具组成。两方行棋，每方六子，分别为枭、卢、雉、犊、塞（两枚）。棋子用象牙雕刻而成。行棋之前先投箸决定先后，比赛时，“投六箸，行六棋”。后来，在这种棋制的基础上，又出现一种名为“塞”的棋戏，塞只行棋不投箸，剔除了早期象棋中侥幸取胜的成分。秦汉时期，塞戏颇为盛行，又被称为“格五”。三国之后，象棋的形制不断变化。到了隋唐，象棋活动稳步开展，史籍上屡见记载。宋代是象棋广泛流行、形制大变革的时代，象棋于北宋末定型并延续至近代（32 枚棋子、有河界的棋盘、将和帅在九宫之中等）。南宋时期，象棋家喻户晓，流行极为广泛。元明清时期，象棋继续在民间流行，技术水平不断提高，出现了多部总结性的理论专著。

中华人民共和国成立后，象棋进入了一个崭新的发展阶段。1956 年，象棋被列为国家体育项目。1962 年成立了中国象棋协会。2008 年，象棋被列入第二批国家级非物质文化遗产名录。2010 年广州亚运会，中国象棋首次成为正式比赛项目。

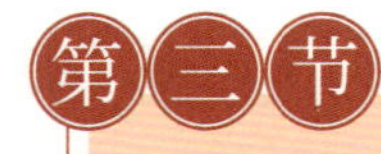

下棋的礼仪

中国号称“礼仪之邦”，因此在下象棋时也要讲究下棋的礼仪。

一是注意形象。棋手应文明着装，穿戴整洁，仪态大方，保持风度。

二是准时到场。当确定好比赛时间后，棋手应提前或准时到场。迟到可能会影响整个比赛进程。

三是相互问好。在比赛开始之前，双方握手致意，以示尊重和友好。

四是认真对弈。下棋时应保持安静，不要干扰对手；对手行棋速度慢时不要催促；行棋时轻拿轻放，不可摔打棋子；遇有争议告知裁判，并尊重和服从裁判；集中注意力，谋定后动，落子无悔。

五是摆正心态。比赛结束后，不论输赢都保持冷静。

六是复盘分析。比赛结束后，棋手可以一起分析棋局，讨论得失，但应注意说话要有分寸。

七是整理棋子。比赛结束后，棋手应整理好棋子，摆放整齐。

遵守礼仪不仅体现对比赛的重视、对对手的尊重，也能够体现自己的涵养和风度。在下棋的过程中，我们应时刻保持良好的素质，共创和谐、友好、公平的对弈环境。

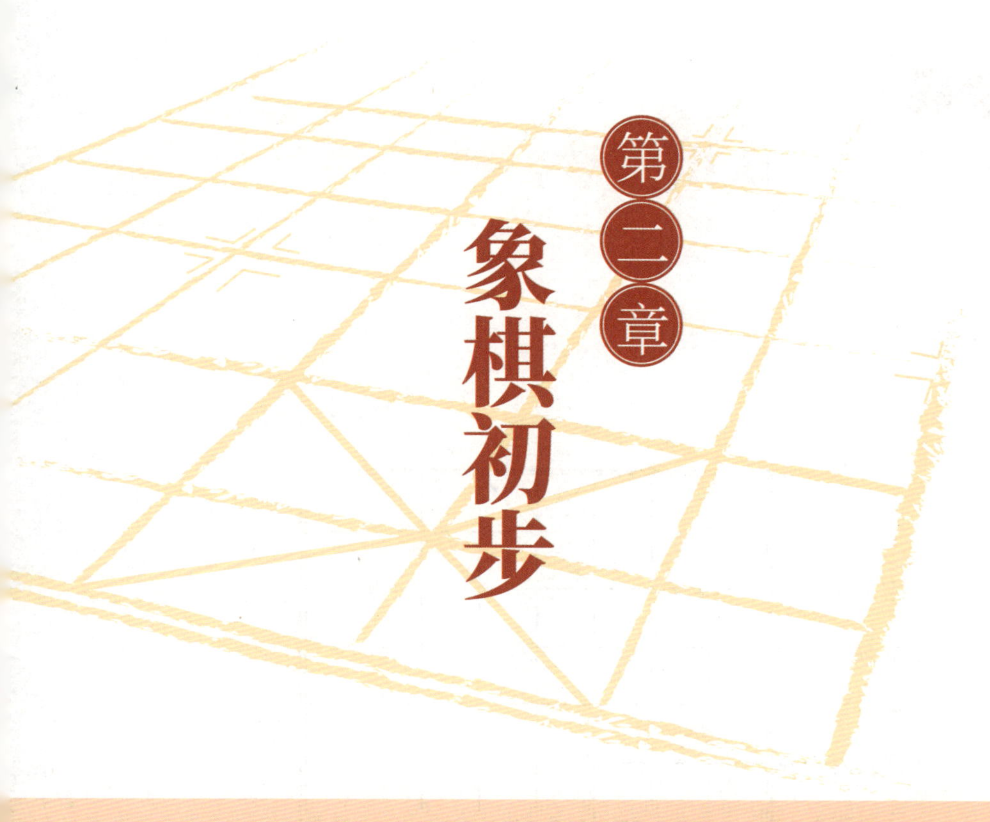

第二章 象棋初步

工欲善其事，必先利其器。打好基础，方能行稳致远！对于初学者而言，要想在这方寸之间的棋盘上任意驰骋、领略象棋的无穷魅力，就需要从基础入手，逐步掌握其精髓。让我们从认识棋盘、棋子开始，步入这个充满智慧与策略的象棋世界，开启一段精彩的智力之旅吧！

第一节 认识棋盘、棋子

一、棋盘

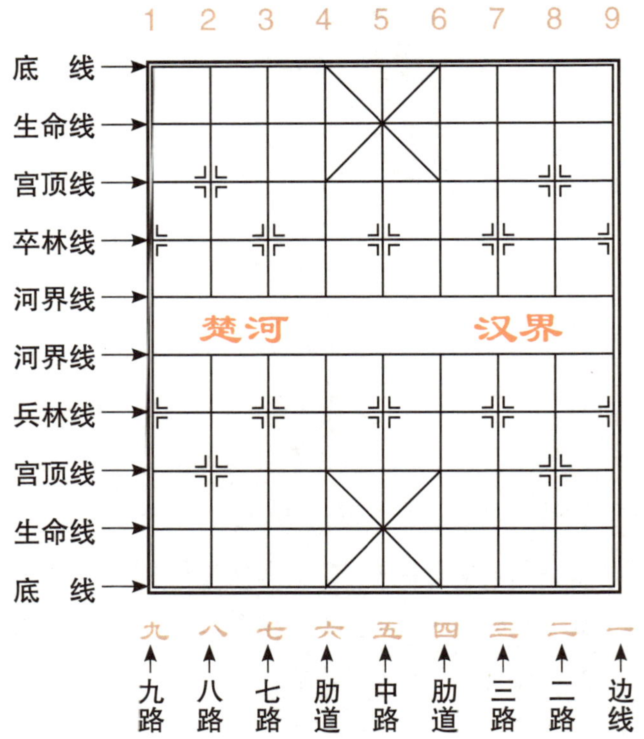

象棋盘由九道纵线和十道横线交叉组成。棋盘上共有九十个交叉点，棋子的摆放和活动都在这些交叉点上。

棋盘中间直线断开处称为“河界”，河界内应标注“楚河　汉界”；棋盘两端画有斜交叉线之处称为“九宫”。

九道直线，红方从右至左用中文数字一至九作为标识，黑方从右至左用阿拉伯数字 1~9 作为标识。

对局开始前，双方棋子在棋盘上的摆法如下图所示。其中，红方棋子（阳文）在下，黑方棋子（阴文）在上。

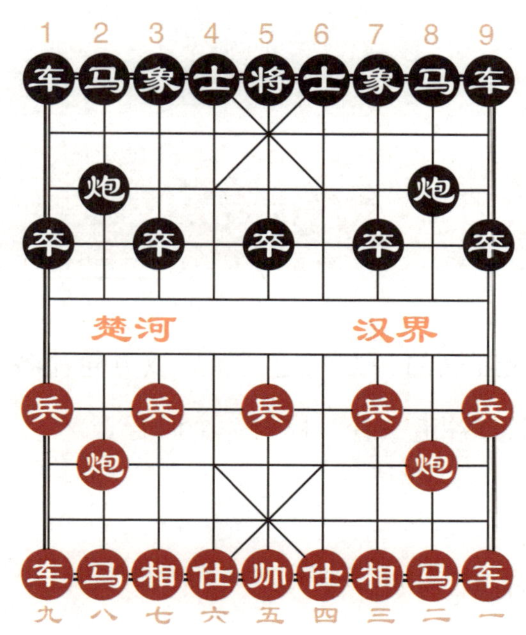

标准棋盘每格均为正方形，每格边长 4~5 厘米。棋盘长度为 40~50 厘米，宽度为 36~45 厘米，厚度不小于 0.5 厘米。比赛演示用的大棋盘为立式，红方在下，黑方在上。棋盘和棋子的大小可根据场合相应调整。

二、棋子

象棋棋子共有三十二个，分红、黑两组，每组十六个，分别是：红棋子有帅一个，车、马、炮、仕、相各两个，兵五个；黑棋子有将一个，车、马、炮、士、象各两个，卒五个。

子力价值：原则上一车相当于双马、双炮或一马一炮，马和炮等值，车、马、炮称为“强子”；仕（士）、相（象）等值，称为“弱子”；过

河兵（卒）价值浮动。

每个棋子直径为 3~4 厘米，厚度为 1~2 厘米，大小与棋盘相应配套，分红、黑两组，字体规范、醒目。

第二节 行棋规定

对局时，由执红棋的一方先走，而后双方轮流各走一着，直至分出胜负或和棋。双方各走一着，称为一个回合。

一、走法

各棋子走法如下：

帅（将）：每着只许走一步，前进、后退、横走都可以，但不能离开九宫。将和帅不能在同一直线上直接对面，如一方已先占据，另一方必须回避，否则判负。

士（仕）：每着只能沿九宫斜线走一步，可进可退。

相（象）：不能越过河界，每着斜走两步，可进可退，俗称“相（象）走田字”。当田字中心有棋子时，俗称“塞（相）象眼”，则不能走。

车：每着可以直进、直退、横走，不限步数。

马：每着走一直、一横或一斜，可进可退，俗称“马走日字”。如果要去的方向被别的棋子挡住，俗称“蹩马腿”，则不能走。

炮：不吃子的时候，走法同车一样。

兵（卒）：没有过河界前，每着只许向前直走一步；过“河界”后，每着可向前直走或横走一步，但不能后退。

二、吃子

走一着棋时，如果己方棋子能够走到的位置有对方棋子存在，就可以把对方棋子吃掉，从而占领那个位置，但不可以吃己方的棋子。但炮吃子时必须隔一个棋子（无论是哪一方的棋子均可）跳吃，俗称“炮打隔子”。

第三节 棋谱

现行的记谱法一般使用四个字来记录棋子的移动。

第一个字表示需要移动的棋子。

第二个字表示移动的棋子所在的直线编号（红、黑两方均由己方底线从右向左数），红方用汉字、黑方用阿拉伯数字表示。当同一直线上有两个相同的棋子时，则采用前、后来区别。如“后车平五”“前马进3”。

第三个字表示棋子移动的方向，横走用“平”，向对方底线前进用“进”，向己方底线后退用“退”。

第四个字分为两类，棋子在直线上进退时，表示棋子进退的步数；当棋子平走或斜走的时候，表示所到达直线的编号。

举例如下：

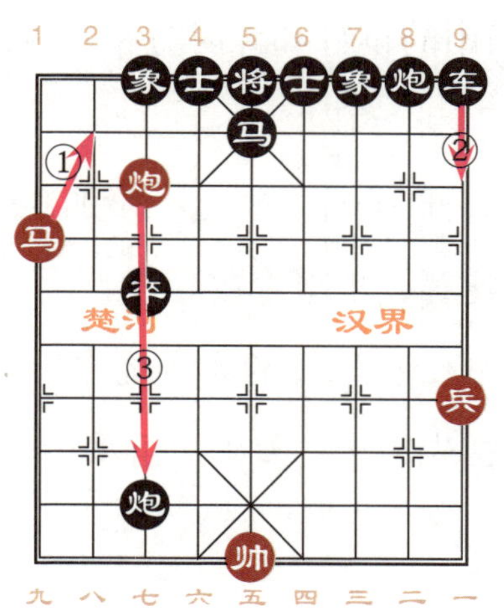

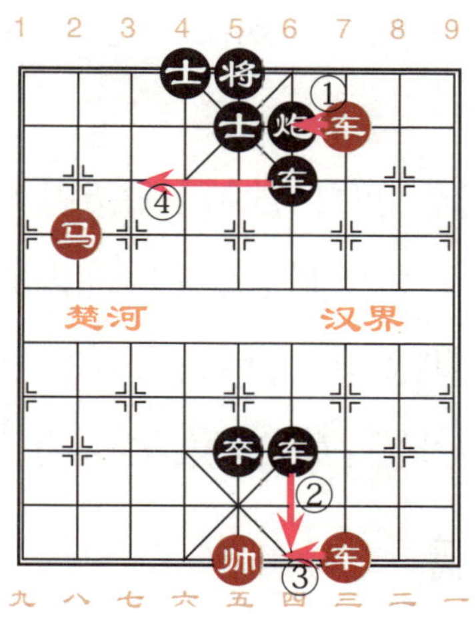

左图代表的招法分别是：

① 马九进八

② 车 9 进 2

③ 炮七退六

右图代表的招法分别是：

① 前车平四

② 前车进 2

③ 车三平四

④ 车 6 平 3

第四节 简要规则

一、计时

正式比赛，采用具有两个钟面的数字式电子计时钟或指针式计时钟，分别计算双方走棋的时间。对局双方必须在行棋后用走棋的手按钟。比赛前棋钟置放朝向应统一安排，原则上放在先手方左侧。赛前应根据比赛性质与规模，规定具体采用的棋钟和计时方案。计时方案如下。

1. 基本用时加秒制：每方基本用时 60 分钟，每走一步加 30 秒。

2. 限时包干制：规定时间内完成比赛，不限着数。

3. 快棋赛用时制：每方限时 15 分钟（含）以下的比赛统称为快棋赛。

4. 贴时制：特定的比赛，为了平衡先后走的差别，可采用贴时法。

二、犯规

对局时，一方出现以下情况，即为犯规：

1. 在对方走棋时间内，有故意干扰、分散对方注意力的行为；

2. 对局进行中，擅自停、开棋钟；

3. 提议作和的次数超过对方达两次；

4. 提出自然限着和棋，经审核不属实；

5. 触摸己方无法走动的棋子，或摸触对方的棋子而己方的任何棋子都无法吃掉它；

6. 在要求棋手记录的比赛中，每漏记四着判犯规一次；

7. 没有走棋先按钟；

8. 全国少年赛、省级以下比赛违反行棋规定一次；

9. 违反棋手须知中的有关规定，而情节尚不严重者；

凡判处犯规，裁判员须当场宣布并及时记录。如犯规方立即认输，可以免判犯规。

三、术语解释

将军：一方棋子攻击对方的帅（将），并在下一着能将其吃掉，称为“将军”，或简称“将”。

长将：凡走子连续不停将军而形成循环达三次者，称为“长将”，首着吃子不计算在内。

将死：被将军方必须立即应将，如果无法应将或不应将，即被将死。

困毙：轮到行棋的一方无子可走（或者说欠行），即被困毙。

自杀：一方行棋后形成帅、将直接对面，或主动送吃帅（将），或在被将军时误走他子而没应将，这些听任对方吃帅（将）的行为均属自杀。

杀：凡走子企图下一着将军或连续将军以将死对方者，称为“杀”。

长杀：凡走子连续不停杀着而形成循环达三次者，称为“长杀”。

捉：凡走子后，所走动子能直接吃子或造成其他子力能吃子、与其他子联合吃子、从下一着开始运用将军或连续将军得子、通过完整互吃交换后吃掉对方子且得子，上述得子后不致立即（下一着不予考虑）被对方将死的，称为“捉”。

长捉：凡走子连续追捉一子或数子而形成循环达三次者，称为“长捉”。

兑：同兵种邀兑，而对方一旦吃掉此子后，不致立即被将死或立即在子力价值上遭受损失者，称为“兑”。

长兑：凡走子连续不停邀兑达三次者，称为“长兑”。类似解释也适用于“长献”“长拦”“长跟”。

献：凡走子送吃，而对方一旦吃掉此子后，不致立即被将死或立即在子力价值上遭受损失者，称为“献”。

拦：凡走子阻拦对方棋子，而又不具攻击作用者，称为“拦”。

跟：凡走子盯牵对方有根子而又不具攻击作用者，称为“跟”。

闲：凡走子性质不属于将、杀、捉者，统称为“闲”。兑、献、拦、

跟，均属于“闲”。

有根子、无根子和少根子：凡有己方其他棋子（包括暗根）充分保护的棋子，称为“有根子”；反之，称为“无根子”。作为根的棋子少于对方捉的棋子，或被保护不充分的棋子，称为“少根子”。

假根：形式上是根，实际上不能离线反吃，则称为“假根”。假根按无根子处理。

联合捉子：凡一方用两个或两个以上棋子共同擒捉对方的棋子，缺少其中任何一个都无法吃子的，称为“联合捉子”。

禁止着法：凡是单方面走出长将、长杀、长捉、一将一杀、一将一捉、一杀一捉等循环重复的攻击性着法，均属禁止着法。

允许着法：禁止着法以外的均为允许着法。包括长拦、长跟、长兑、长献、一打一闲，以及互走闲着等着法；将（帅）步步捉吃对方棋子；兵、卒步步捉子，但不包括长将和长杀。

四、胜、负、和

（一）对局时一方出现以下情况，为输棋（负），对方取胜：

1. 被将死；

2. 被困毙；

3. 走棋后（已离手）形成自杀；

4. 形成待判局面，为单方长将；

5. 形成待判局面，为一方违反禁例，应变着而不变；

6. 在规定时限内未完成对局；

7. 超过了比赛规定的迟到判负时限；

8. 全国比赛一次，省级比赛（含以下）和全国少年赛（含以下）

两次违反行棋规定；

9. 两次未走棋先按钟；

10. 三次犯规；

11. 在同一自然限着阶段内，第二次提出自然限着和棋，经审核不属实；

12. 宣布认输；

13. 对局中拒绝遵守本规则或严重违反纪律。

（二）出现以下情况时，为和棋：

1. 一方提议作和，另一方表示同意；

2. 双方均无取胜可能的简单局势；

3. 棋局出现待判局面，符合“棋例”中“不变作和”的有关规定；

4. 符合自然限着的回合规定，即在连续六十回合中（可根据比赛等级酌减）均未吃过棋子；

5. 每局棋在二十五回合（含）内，原则上双方均不得提和。如此时形成双方不变作和的待判局面（计三个循环），由红方变着，不变判负。

五、棋例总纲

（一）在任何情况下，均不允许单方面长将。

（二）双方均为允许着法，双方不变作和（图一）。

① 炮六退二（捉）　　车 8 退 2（捉）

② 炮六进二（闲）　　车 8 进 2（闲）

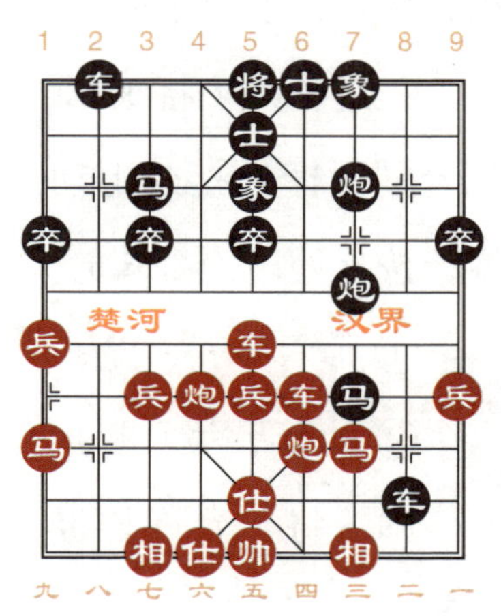

图一

双方均为一捉一闲，双方不变作和。

（三）一方为禁止着法，另一方为允许着法，应由前者变着。

（四）双方均为禁止着法，双方不变作和。下列情况除外：

1. 凡单方长杀、一将一杀、长捉车、长捉无根子、二将（杀）一捉车（无根子）、一捉车一捉无根子，均须变着。

2. 凡单方长捉车，对方联合捉车，前者变着。

3. 凡单方长捉无根子，对方联合捉无根子，前者变着。

六、棋例通则

（一）帅（将）、兵（卒）本身允许长捉（图二）。

① 兵三平二（闲）　　车 8 平 7（捉）

② 兵二平三（闲）　　车 7 平 8（捉）

红方两着平兵捉车，按照兵（卒）本身允许长捉的规定，判闲。黑方两着动车，属长捉红方三路马。红方两闲，黑方长捉，黑方变着，不变作负。

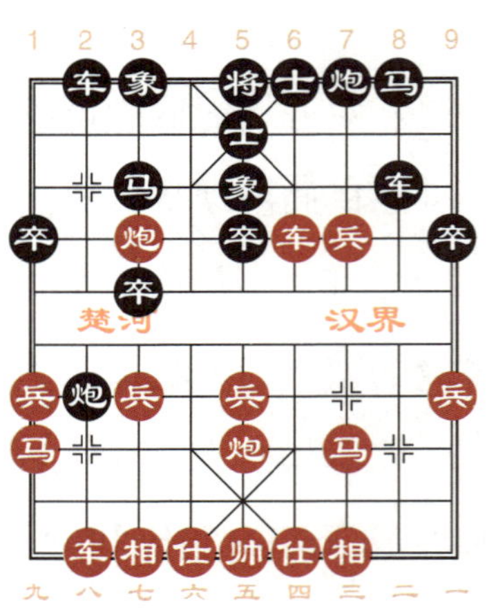

图二

1. 走动帅（将）、兵（卒）后与其他子配合同时产生捉或走动后其他子产生新的捉，按捉处理（图三）。

① 帅六平五（捉）　　卒 5 平 4（闲）

② 帅五平六（捉）　　卒 4 平 5（闲）

帅（将）允许长捉，但走动后，双马也轮流捉卒，判捉。红方长捉，黑方两闲，

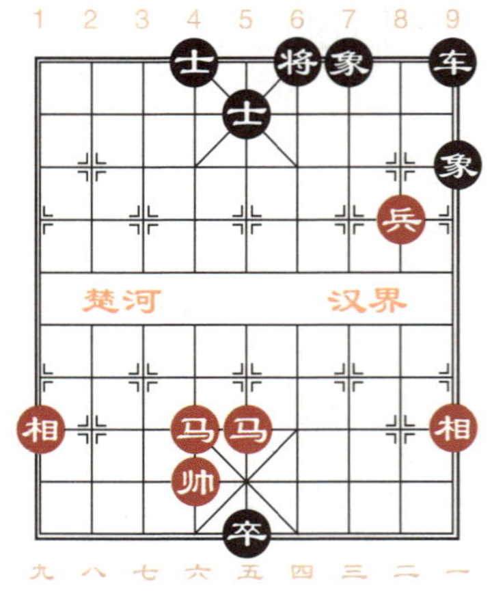

图三

红方变着，不变作负。

2. 走动帅（将）应将而产生的捉、杀，按闲处理；走动其他子应将后产生新的捉或杀，按捉或杀处理（图四）。

① 后车进一（将）　　将 4 进 1（闲）

② 后车退一（捉）　　将 4 退 1（杀）

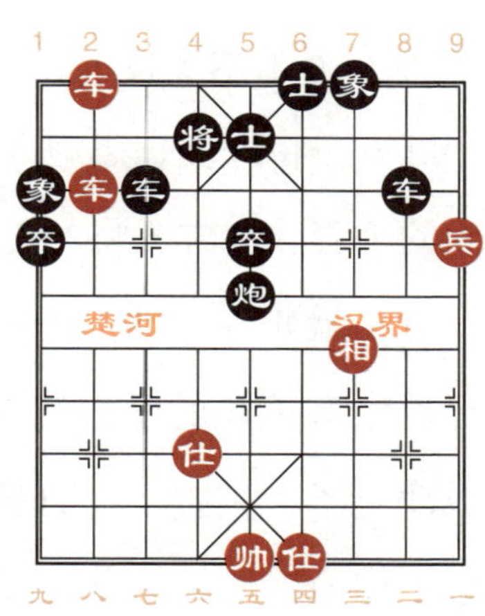

图四

红方后车退一，如黑方吃车则双车尽失，判捉。黑方将 4 进 1，走动帅（将）应将后产生的捉、杀，判闲。红方一将一捉，黑方一闲一杀，红方变着，不变作负。

（二）守和方只有一个进攻子时，占据守和要点，附带产生的捉士象按闲处理（图五）。

① 车五平六（将）　　将 4 平 5（闲）

② 车六平五（闲）　　将 5 平 4（杀）

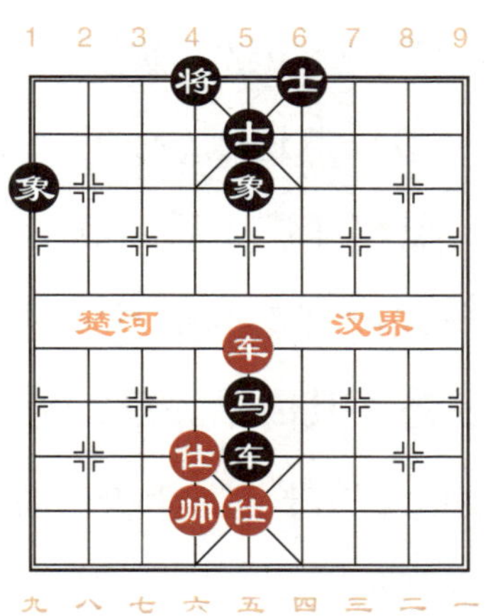

图五

红方一将一闲，占据守和要点，附带产生的捉象判闲。

红方一将一闲，黑方一杀一闲，双方不变作和。

（三）一方形成自毙，应由己方负责，不得视为另一方造成：若另一方应将着法产生新的杀法，仍应按杀处理（图六）。

① 车六平五（捉）　　炮 4 平 2（杀）

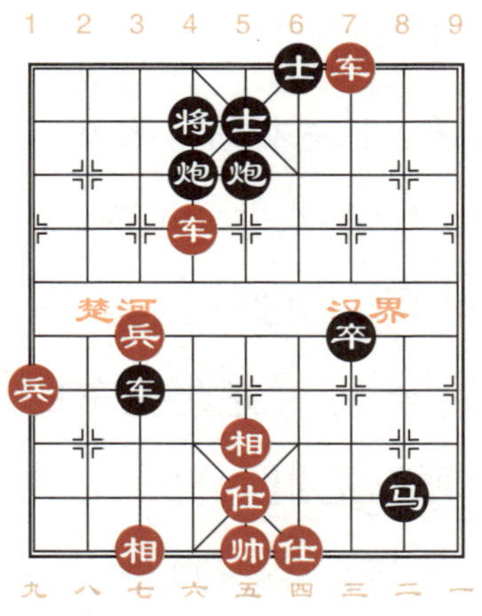

图六

② 车五平六（将）　　炮 2 平 4（杀）

红方一将一捉，黑炮 4 平 2 是做杀，炮 2 平 4 应将后增加了黑马 8 退 6 的杀着。红方一将一捉，黑方长杀，双方不变作和。

对于献兼捉，被捉子逃离后造成的所献子处于被捉状态时，凡与循环着法有关联的子力均应计算在内。若走子前不存在得子，走子后形成净吃子，判捉。无直接参与且是己方走子造成被捉的状态，不予考虑；作为根的子，自己离线断根将军（或应将），造成被保护的子失根被捉，责任自负（图七）。

① 马七进八（捉）　　车 4 退 1（捉）

② 马八退七（捉）　　车 4 进 1（闲）

黑车 4 进 1 后，红方三路线上黑车与红马并没有参与循环着法，红马被黑车捉的状态，其因果关系，是红方自己造成的，判闲。红方长捉，黑方一捉一闲，红方变着，不变判负。

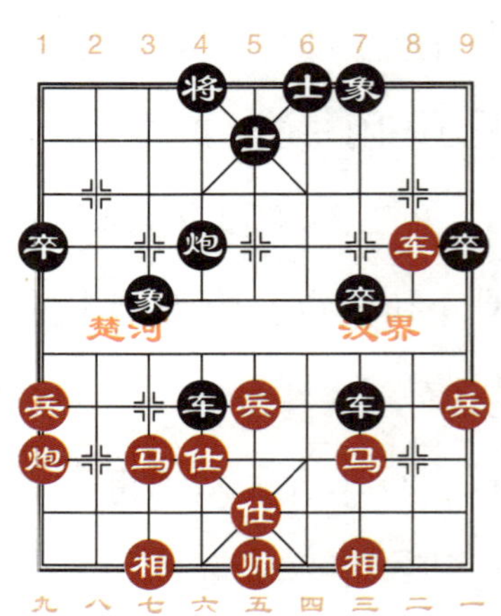

图七

（四）凡走子兼具多种作用时，应从重裁处。如兑（献）兼捉，按捉处理；兑（献）兼杀，按杀处理（图八）。

① 马八进九（杀）　　车 3 退 2（闲）

② 马九退八（捉）　　车 3 进 2（闲）

红马八进九兑车的同时，兼马九进七再马七退六再车九进二杀，即邀兑之子参与做杀，判杀；马九退八判捉。红方一杀一捉，黑方两闲，红方变着，不

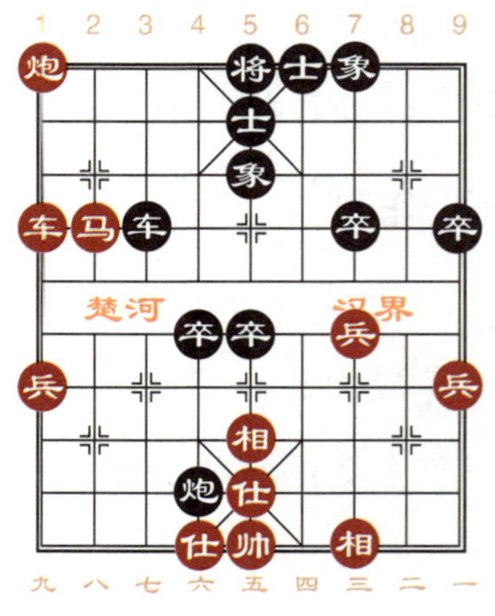

图八

变作负。

（五）做根子和被牵子捉子及各吃各子的捉子，完整互吃后价值相当或得子者，按捉处理；得不偿失者，按闲处理。做根子捉子时，若先丢被保护子，后吃对方子，双方等值交换则为闲（图九）。

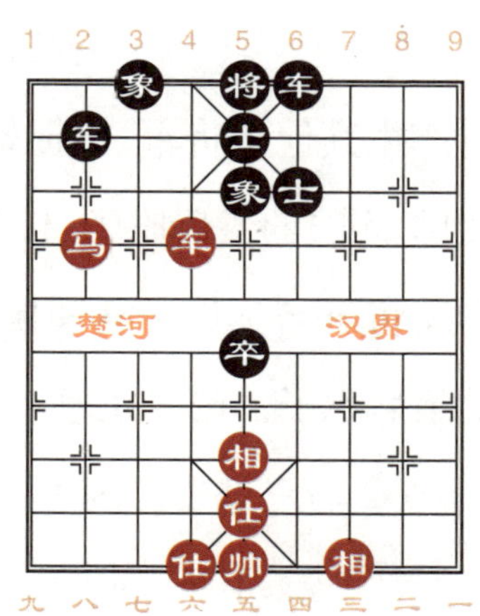

图九

① 车六平五（捉）　卒 5 平 4（闲）

② 车五平六（捉）　卒 4 平 5（闲）

红方长捉，黑方两闲，红方变着，不变作负。

（六）一个强子主动换数个弱子不算得子，一个或数个弱子换任一强子均为得子。

（七）过河兵、卒浮动的价值低于车，主动送兵（卒）将军换车按捉处理，兵（或数兵）与其他一子或数子（包括士象）互换均不算得子；捉吃未过河的兵（卒），或立即吃掉刚过河的兵（卒）也不算得子（图十）。

① 车一进四（闲）　车 5 平 6（闲）

② 车一退四（捉）　车 6 平 5（闲）

红方进车，可以送兵换马，兵卒价值浮动，判闲。红方退车吃卒，将军后黑方垫车，红方可兵七平六将军弃兵得车，判捉。

红方一闲一捉，黑方两闲，双方不变作和。

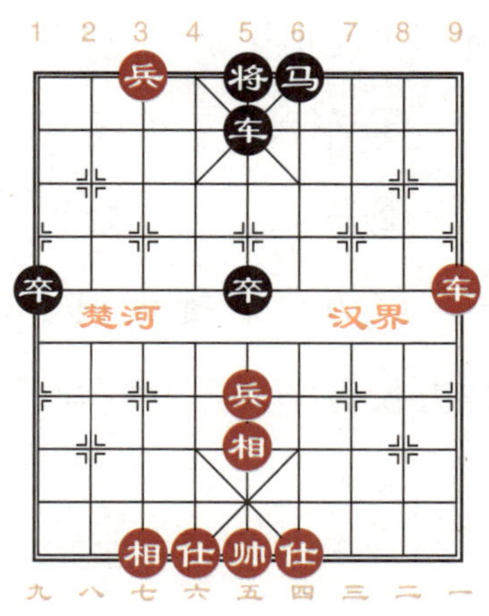

图十

（八）兵（卒）借其他子抽吃对方的子，按闲处理；兵（卒）吃子时产生其他子将军，按捉处理。其他子完成互吃等值交换过程后，兵（卒）或帅（将）的最后吃子，按闲处理。如前述交换过程为不等值，或兵（卒）、帅（将）与其他子共同擒捉的是对方同一个子，则兵（卒）或帅（将）的最后吃子，按捉处理（图十一）。

① 马三进二（闲）　　炮 6 进 1（闲）

② 马二退三（捉）　　炮 6 退 1（闲）

红方马三进二欲交换炮后帅吃马，先等值交换后，帅才能吃马，帅并没有与其他子同时直接捉马，判闲。红方一闲一捉，黑方两闲。双方不变作和。

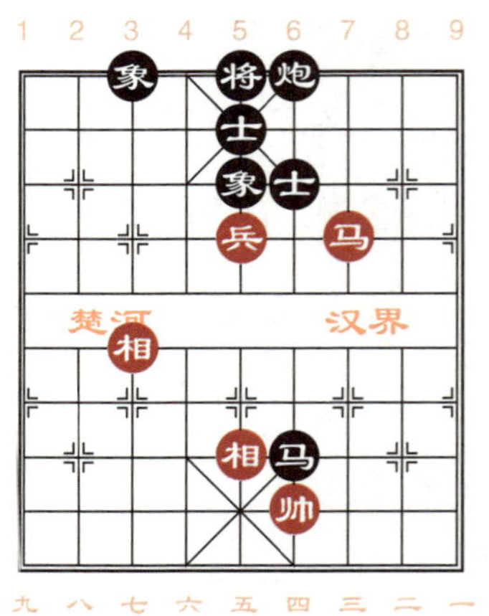

图十一

（九）双方均为禁止着法，双方不变作和。下列情况除外：

1. 凡单方长杀、一将一杀、长捉车、长捉无根子、二将（杀）一捉车（无根子）、一捉车一捉无根子，均须变着（图十二）。

① 车六进三（捉）　　炮 8 退 3（捉）

② 车六退三（捉）　　炮 8 进 3（捉）

红方一着捉无根子，一着捉少根子，黑方长捉车，黑方变着，不变作负。

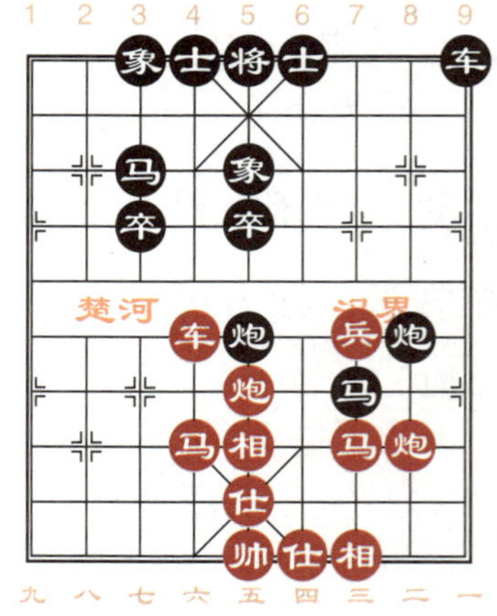

图十二

2. 凡单方长捉车，对方联合捉车，前者变着（图十三）。

① 车六进一（捉）　　马 6 退 7（捉）

② 车六退一（捉）　　马 7 进 6（捉）

红方联合捉子，黑方长捉车，黑方变着，不变作负。

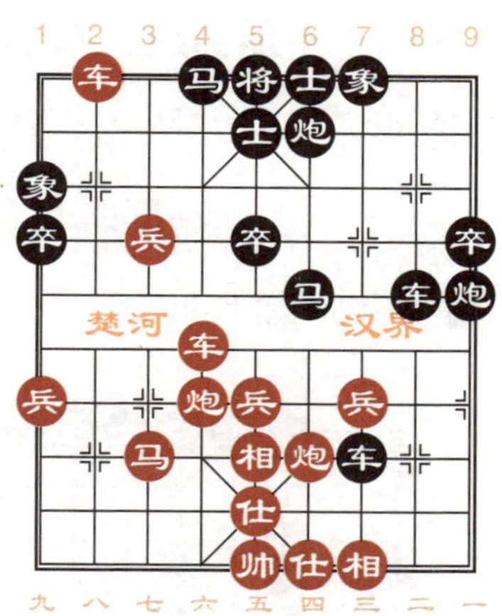

图十三

3. 凡单方长捉无根子，对方联合捉无根子，则应前者变着（图十四）。

① 车八平七（捉）　　马 3 退 5（捉）

② 车七平八（捉）　　马 5 进 3（捉）

红方一着捉无根子，一着车炮联合捉子，黑方长捉车，黑方变着，不变作负。如黑方马 3 退 5 改马 3 进 5，也为黑方变着。

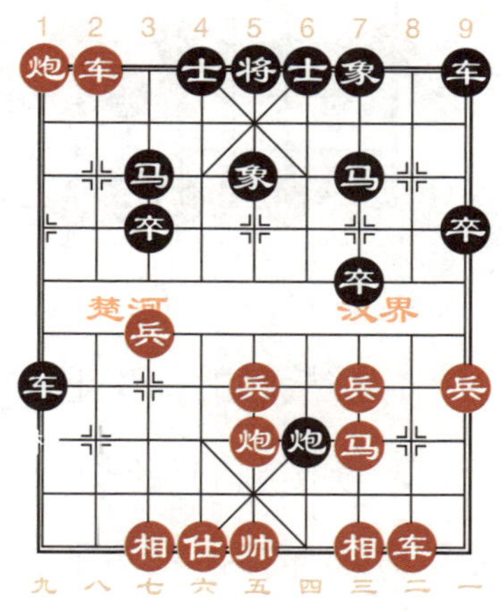

图十四

（十）同兵种邀兑，被邀兑方兑子后立即被杀或子力价值受损，邀兑方按捉处理；反之，则按兑处理。如果邀兑之子参与作杀（与其他子力配合连续将军），则按杀处理（图十五）。

① 车一平二（兑）　　车 8 平 9（杀）

② 车二平一（兑）　　车 9 平 7（杀）

③ 车一平三（兑）　　车 7 平 8（杀）

红方长兑，黑方长杀，黑方变着，不变作负。

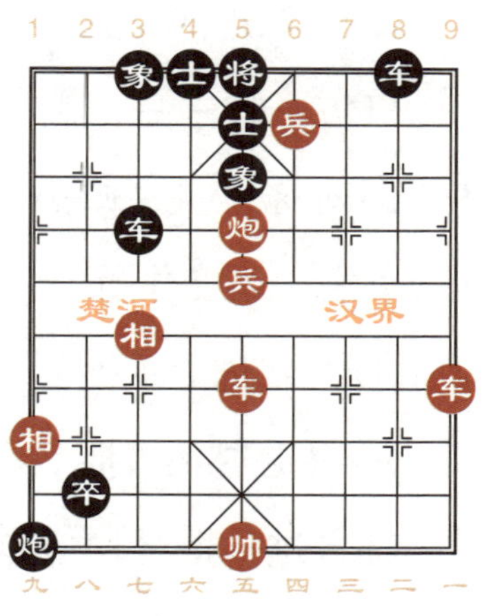

图十五

本局红方首着如改走车五平二，因黑

方8路车不能离线，判杀。如续走车8平7，车二平三，车7平8，其结论即为：红方长杀，黑方长杀，双方不变作和。

（十一）车马同时与马（车炮同时与炮）产生接触时兑和捉的判断（图十六、图十七）：

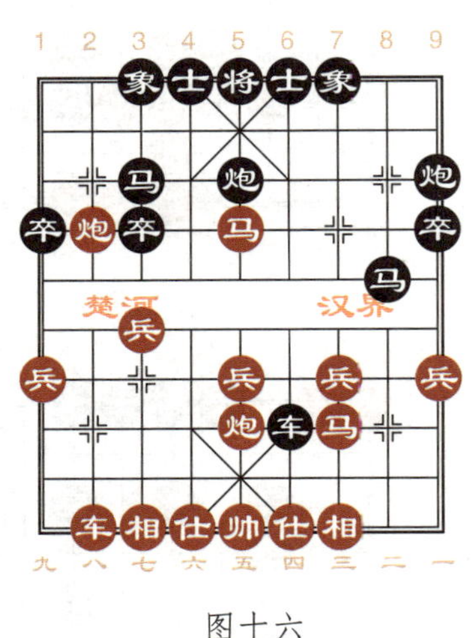

图十六

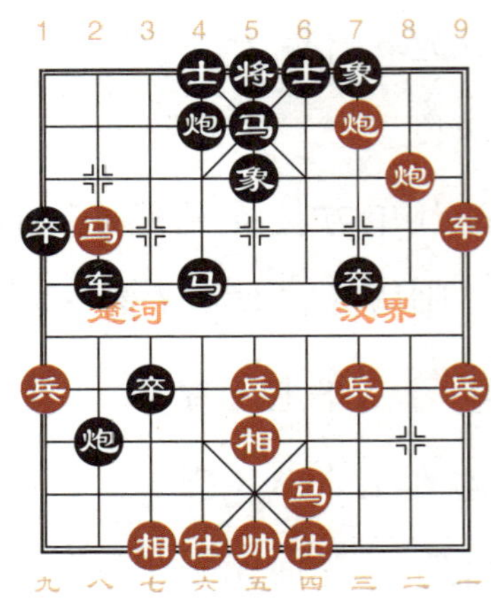

图十七

1. 被接触的马（炮）无根，则车方按捉处理。

2. 被接触的马（炮）有根，且主动接受邀兑后其根无损失，按兑处理。如车方增加其他参与子力并产生新的捉，按捉处理。

① 炮八退四（捉）　　车6退4（兑）

② 炮八进四（兑）　　车6进4（捉）

红方一捉一兑，黑方一兑一捉，双方不变作和。如黑方3路马改为7路对称位置，则黑方车6退4判捉，红方一捉一闲，黑方长捉，黑方变着，不变作负。

① 马八进七（捉）　　车2平3（捉）

② 马七退八（捉）　　车3平2（捉）

红方进马退马均使黑方四路炮不能离线，为长捉无根子；黑方一着捉无根子，一着捉少根子。红方变着，不变作负。

棋子的价值和运用原则

一、车的价值及运用原则

“一车十子寒”，车是战斗力最强的棋子，价值最大，用分值来算是 9 分。运用原则如下。

第一，注意应快速出车。

第二，车忌低头。

第三，车不落险地。

第四，车要通头。

二、马的价值及运用原则

“马有八面威风”，马具有面的控制力，属于中距离的作战兵种。分值为 4 分。运用原则如下。

第一，注意马路要畅通。

第二，马忌屯边。

第三，注意与其他子力的配合。

第四，防止对方过河兵的威胁。

三、炮的价值及其运用原则

炮是远距离作战兵种，机动性和突击性较强，开局时炮显得比马灵活。分值为 4.5 分。运用原则如下。

第一，不宜轻发。

第二，不宜轻易以炮换马。

第三，注意炮与其他子力的联合作战。

第四，缺象怕炮攻，有炮需留他家士。

四、兵（卒）的价值及其运用原则

兵（卒）没过河 1 分，过河后 2 分，到九宫附近威力陡增价值浮动，可认为接近 9 分。运用原则如下。

第一，中兵是中路的屏障，三路、七路兵对活通马路起重要作用。

第二，利用兵（卒）做先锋。

第三，老兵（卒）无功。

五、士（仕）和象（相）的价值及其运用原则

保卫将（帅）的防御性兵种，有时能起助攻的作用。“撑起羊角士（仕），不怕马来攻”，象（相）尽量往中间连环，保持阵形工整。士（仕）2 分，象（相）2 分。运用原则如下。

第一，缺士（仕）怕车、马。

第二，缺象（相）怕炮攻。

第三，注意象（相）的联络。

第四，注意助攻之用。

六、将（帅）的价值及运用原则

将（帅）是无价之宝，胜负的标志。在对弈过程中，王位宜正，高将（在宫顶）多危，但有时也需露将（帅）助攻。运用原则如下。

第一，将（帅）宜少动。

第二，注意助攻之用。

第六节 象棋术语

骑河：一方棋子在对方河界线上时，称为“骑河”。

巡河：棋子在河界处己方横线上时，称为“巡河”。

肋道：将、帅两侧的四、六两路竖线名为“肋道”。

宫顶线：九宫最上层的横线。

卒林线：也叫兵林线，指摆放兵卒的横线，这是攻、守双方必争的一条重要横线。

天地炮：进攻方的两枚炮，一枚在中路镇住当头，一枚在底线进攻。

担子炮：直线上双炮中间有一子，形状像担子，两炮互相保护，有较强的防御能力。

连环马：又叫鸳鸯马，双马结成连环，可互相保护。

钓鱼马：进攻时，把马跳到对方屏风马的左、右两处位置上，这个位置对攻方来说就叫作“钓鱼马”。

卧槽马：指进攻时，跳到对方下二路横线与三、七路纵线相交的位置（即底象前一格）上的马。

炮打二怪：指把炮走到某一位置后，恰好可以朝不同方向攻击对方两枚子力的战术。

将军大脱袍：指进攻时，为了露帅（将）助攻或“绊马腿”、隔断敌子的联系等，突然飞开中相的战术手段。

抽吃：就是抽将得子，通过将军来抽吃对方的子力。

催杀：也叫作“要杀”，就是走棋走到下一步就要杀死对方的将或帅的形势。

连杀：连续照将最后成杀局。

复盘：把自己或别人下过的棋，重新摆出来进行着法研究。

官着：也叫作“正着”，指下棋中必然要走的、公认是最正确的着法。

例胜：指在残局结尾时，只要正确行棋，进攻一方必胜防守一方的子力和形势。

例和：在残局结尾时，只要正确行棋，双方均不能取胜，就叫作“例和”。

花士相和顺士相（如下图）：常有“防马花士相，防炮顺士相”之说。但棋局千变万化，不能古板套用，要具体情况具体分析。

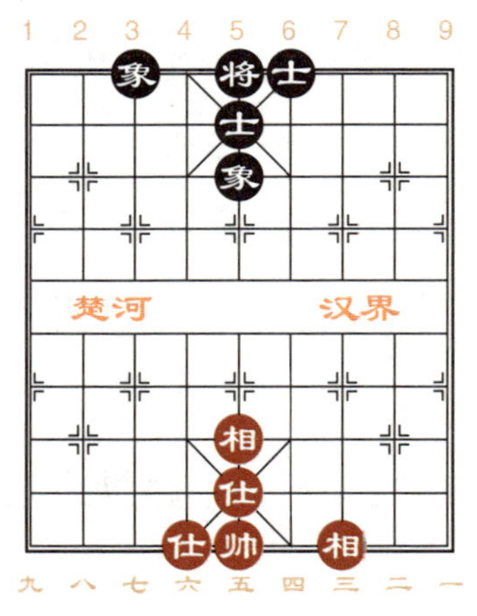

花士相

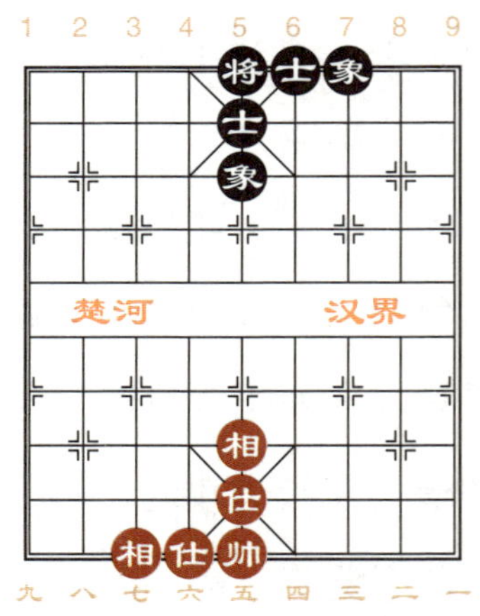

顺士相

第三章 象棋基本杀法

基本杀法是象棋技战术的核心，种类繁多，千变万化。通过学习车、马、炮、兵等杀法，可以加深对棋局杀法的理解，从而更好地掌控棋局，掌握主动权。

第一节 对面笑

对面笑：又称作“白脸将”，指利用双方的将、帅不能在棋盘的同一条直线上没有任何棋阻挡直接见面的规则取胜。

参考着法（红先）：

① 车五平四　　红胜

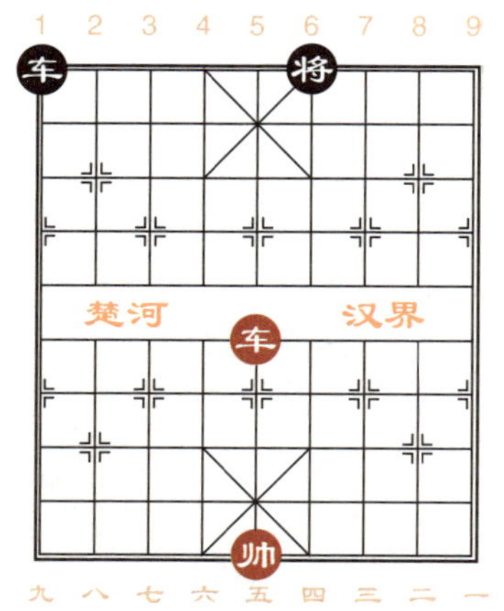

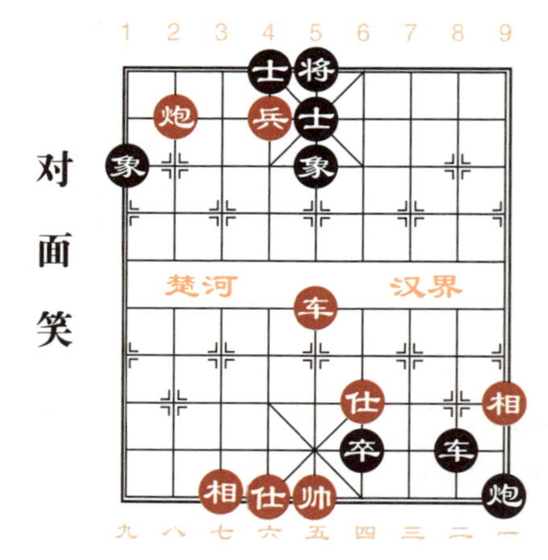

第二节 铁门栓

铁门栓：攻击方在炮的配合下，利用车或兵对底线发动进攻，又或者露帅（将）助攻，使对方的将（帅）无法自由活动，该条件下形成的局面就叫作“铁门栓”。

参考着法（红先）：

① 马二退四　　将 5 平 6　　② 马四进三　　将 6 平 5

③ 车四进三　　红胜

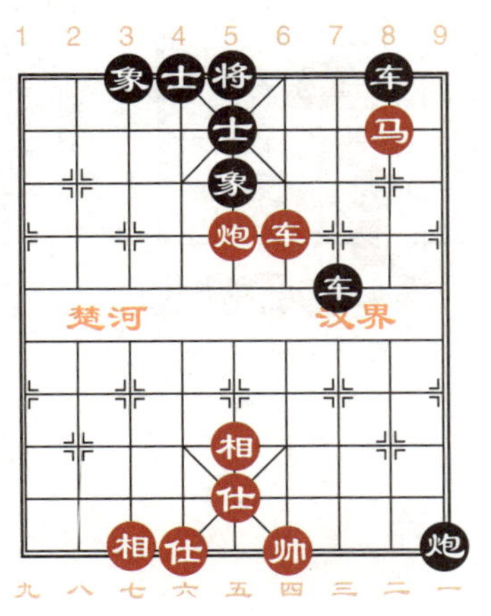

铁门栓

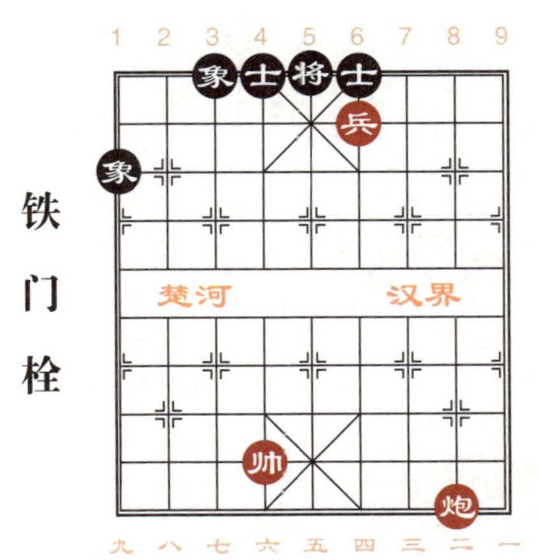

杀法练习（红先）

提示：红胜

第三节　双车错

双车错：即采用不在同一行或同一列的双车交替将军，把对方将死。

参考着法（红先）：

① 车一进四　　将 6 进 1　　② 车一退一　　将 6 退 1

③ 车二进二　　红胜

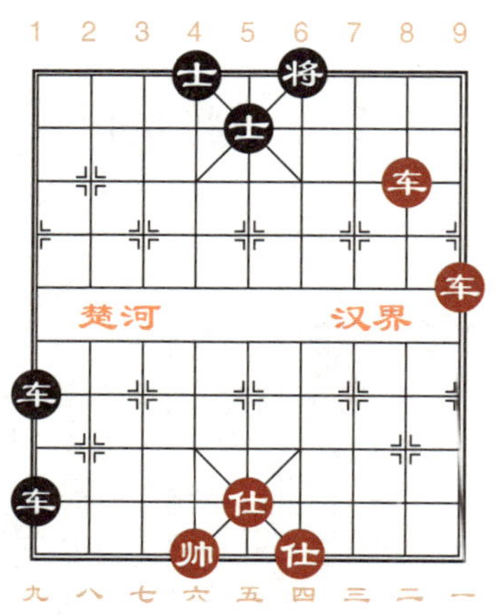

双车错

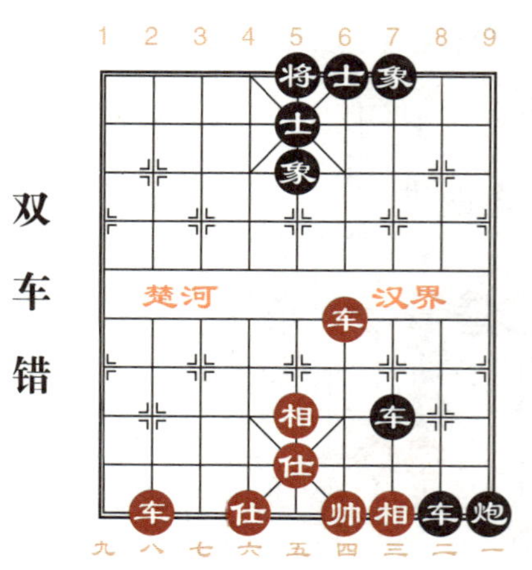

杀法练习（红先）

提示：红胜

第四节　重　炮

重炮：指一方将双炮重叠于一条线上，一炮充当炮架，另一炮将军，将对方杀死。俗语“重炮无垫子”，足见该杀法威力较大。

参考着法（红先）：

① 炮七平五　　　红胜

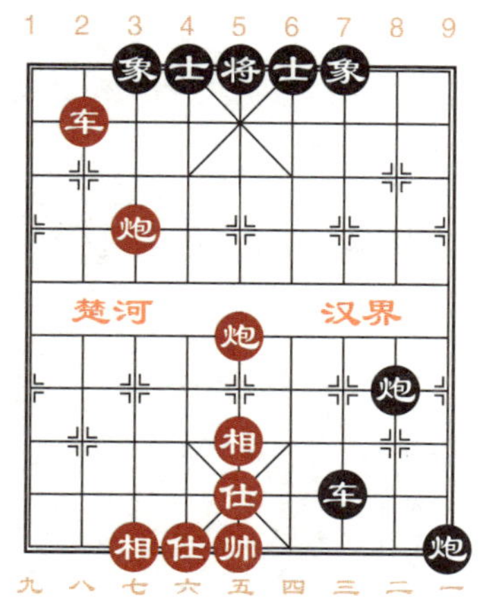

重炮

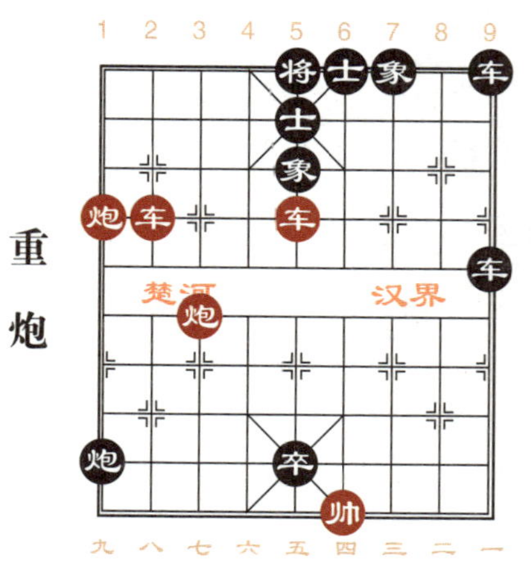

杀法练习（红先）

提示：红胜

第五节 卧槽马

卧槽马：指跳到底象前一格位置的马。卧槽马可同时控制将（帅）原始位、中象位和车原始位，既可将军又可抽车，是常见的一种杀法。

参考着法（红先）：

①马二进三　　将5平6　　②车五平四　　士5进6

③车四进三　　红胜

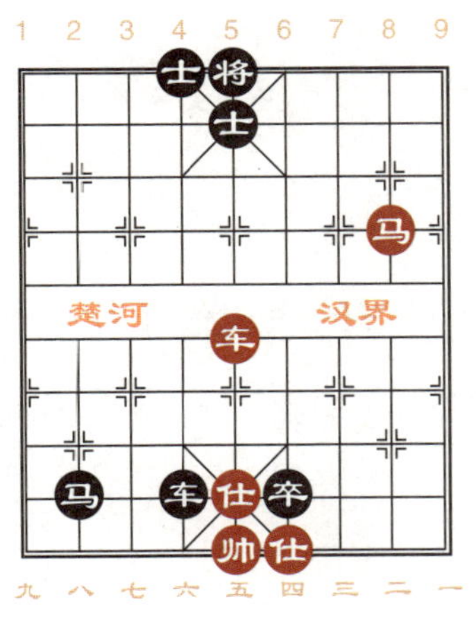

卧槽马

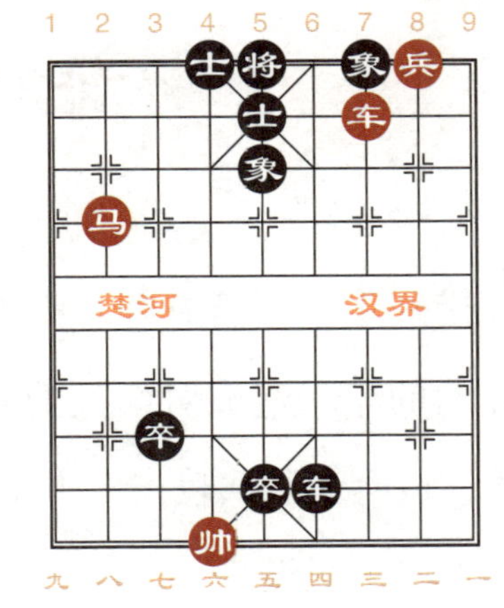

杀法练习（红先）

提示：红胜

马后炮

马后炮：指先用马把对方的将（帅）控制住，然后再用炮在后面照将，以杀死对方。

参考着法（红先）：

① 马四进三　　将 5 进 1　　② 炮一进二　　红胜

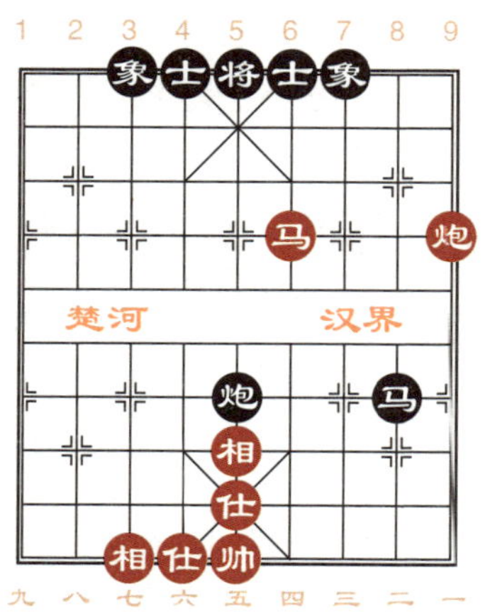

马后炮

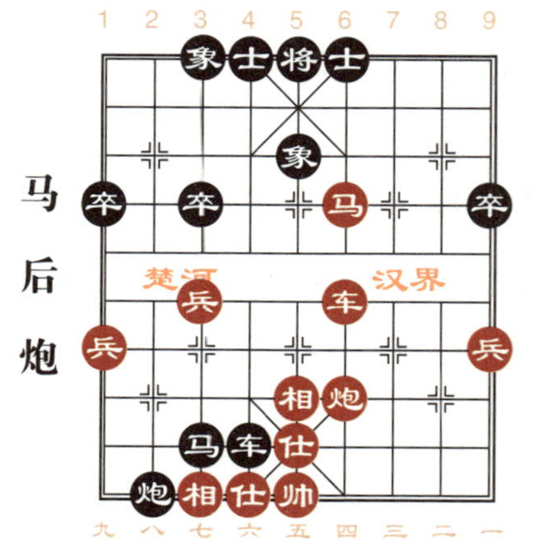

杀法练习（红先）

提示：红胜

第七节　海底捞月

海底捞月：指当己方帅（将）占中时，在对方的底线借车使炮赶走对方守肋的车，造成对面笑的杀着。帅（将）占中路，有炮攻击对方单车的，也有车底兵攻击对方单车的。

参考着法（红先）：

① 车五进五　　将 4 进 1　　② 炮二平七　　车 4 进 1

③ 炮七进五　　车 4 退 1　　④ 炮七平六　　车 4 平 3

⑤ 车五退五　　车 3 退 2　　⑥ 车五平六　　车 3 平 4

⑦ 炮六退二　　得车胜定

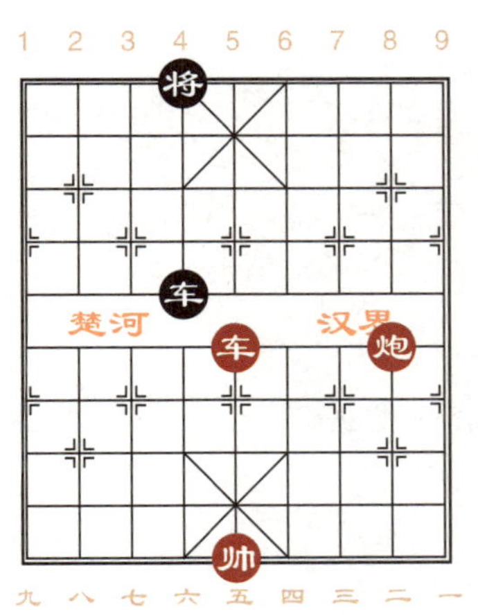

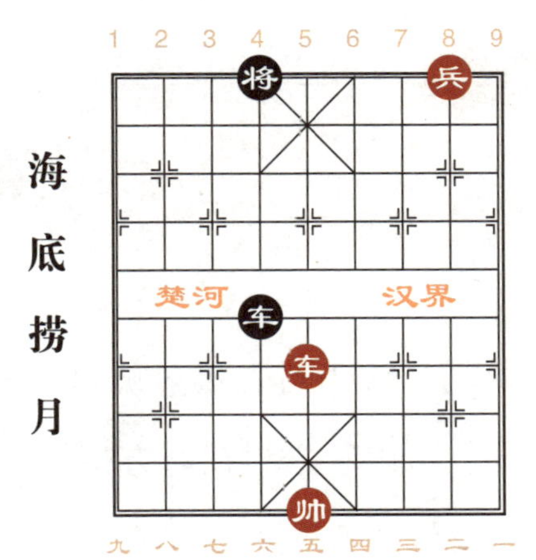

杀法练习（红先）

提示：红胜

第八节 挂角马

挂角马：指位于对方九宫的上、下、左、右四个角的任一位置，可形成将军或封锁将（帅）的马。

参考着法（红先）：

① 车二进五	象 5 退 7	② 马五进四	将 5 平 6
③ 马四进二	将 6 进 1	④ 马二退三	将 6 进 1
⑤ 车二退二	红胜		

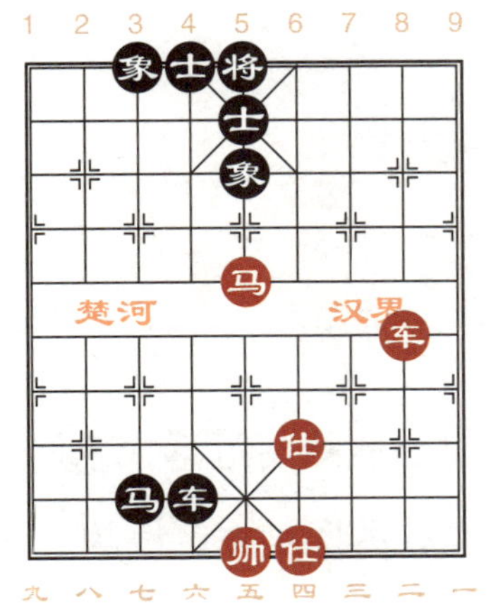

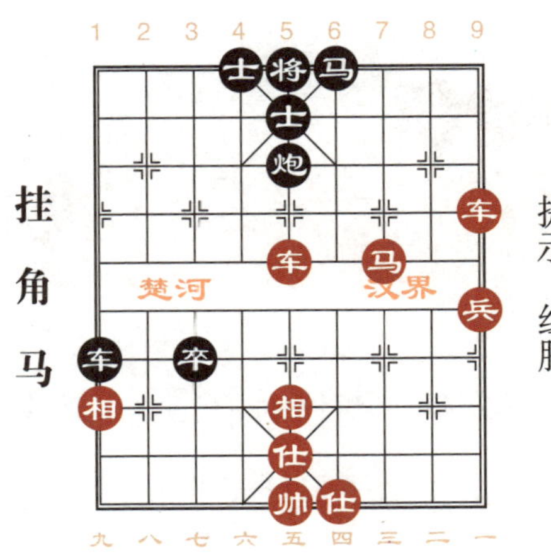

杀法练习（红先）

提示：红胜

第九节

钓鱼马

钓鱼马：位于对方棋盘屏风马处（即三路或七路和宫顶线的交叉点）的马，可以轻松封锁对方将门。

参考着法（红先）：

① 兵四进一	将 5 平 6	② 马五进三	将 4 进 1
③ 车一平四	红胜		

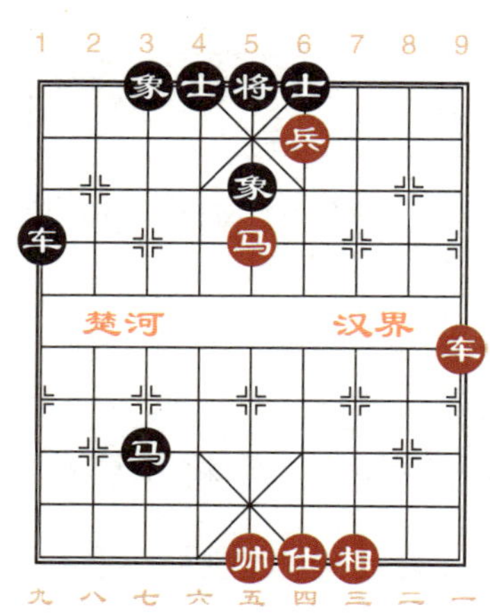

钓鱼马

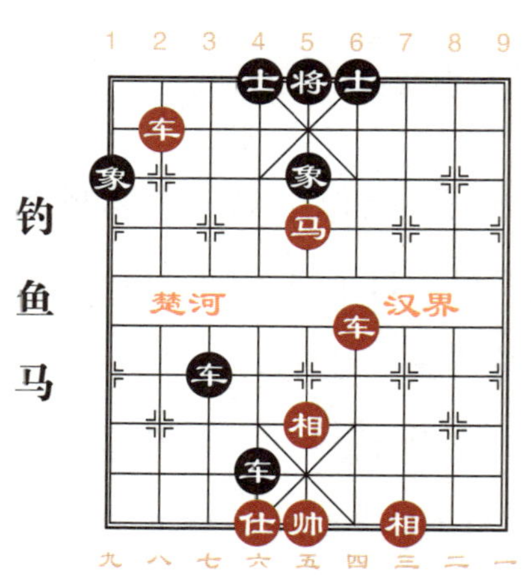

杀法练习（红先）

提示：红胜

第十节

夹车炮

夹车炮：两枚炮中间夹一枚车，在对方的侧翼底线附近形成杀局。此类杀法，运子灵活，有车占据对方二线的，也有占据对方底线的。

参考着法（红先）：

① 马八退六	士 5 进 4	② 炮九进七	象 3 进 1
③ 炮七进三	将 5 进 1	④ 车八进四	红胜

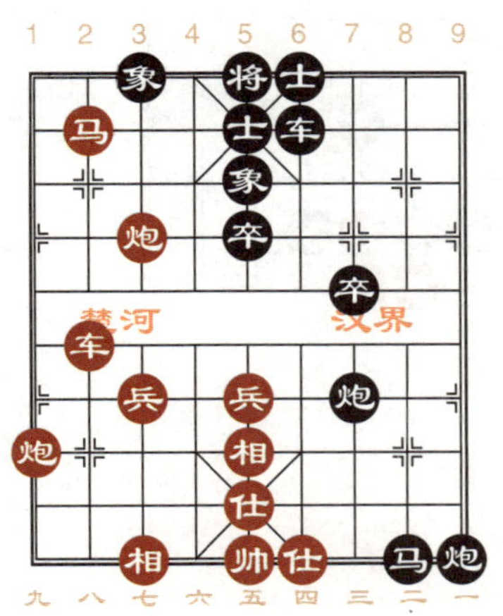

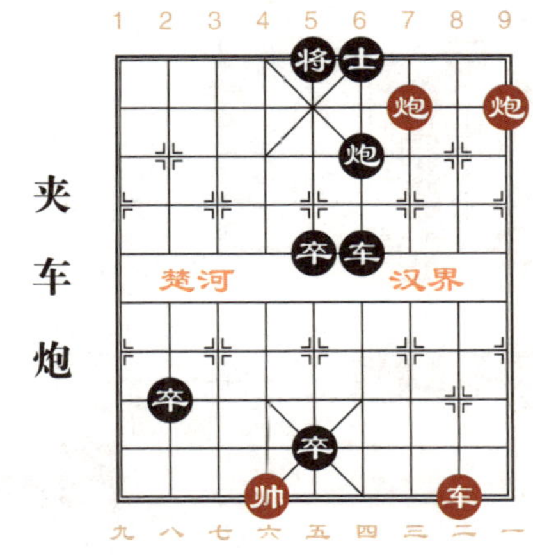

夹车炮

杀法练习（红先）

提示：红胜

第十一节 大胆穿心

大胆穿心：往往是炮沉底线，大胆弃车砍士将军取胜。

参考着法（红先）：

① 车三平五

黑马 7 退 5 或炮 5 退 5，红均可车六进五，闷杀！

① ……	将 5 进 1	② 车六进四	将 5 退 1
③ 车六进一	将 5 进 1	④ 车六退一	红胜

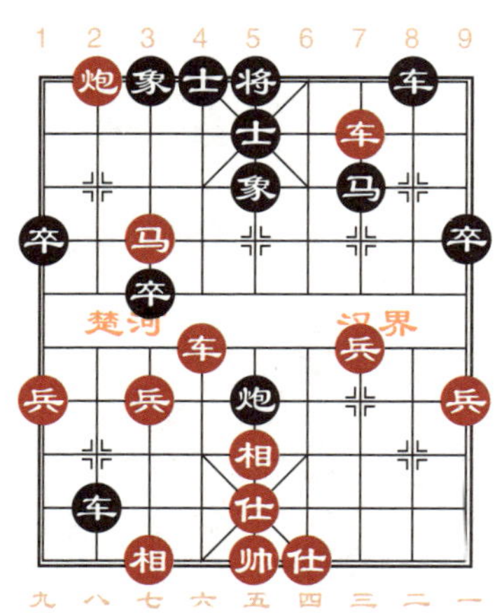

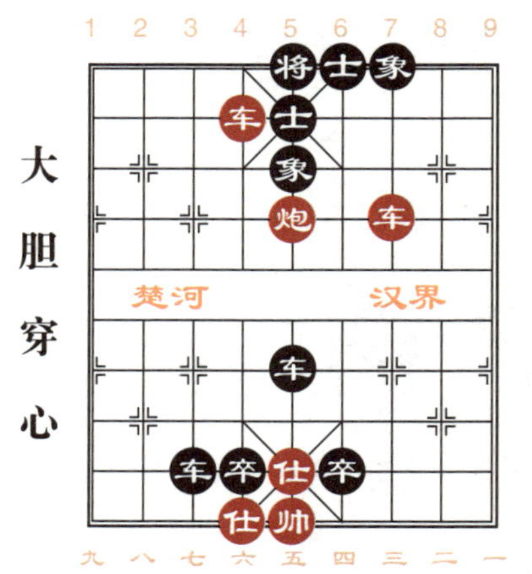

大胆穿心

杀法练习（红先）

提示：红胜

第十二节 侧面虎

侧面虎：当对方老将坐出来到 4 路或 6 路，侧翼防守空虚时，常常利用车马配合攻击取胜。

参考着法（红先）：

① 车三进九	将 6 进 1	② 马五进三	将 6 进 1
③ 车三退二	将 6 退 1	④ 车三进一	将 6 进 1
⑤ 车三平四	红胜		

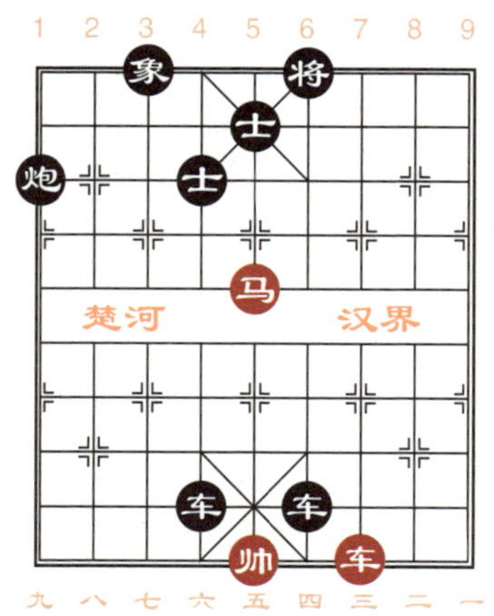

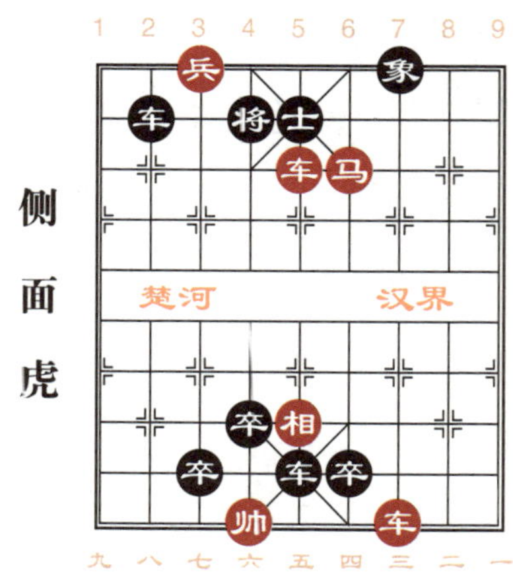

侧面虎

杀法练习（红先）

提示：红胜

第十三节 闷宫

闷宫：一方的炮利用对方的棋子士（仕）做炮架对对方叫将，而另一方的将（帅）因为自己的士（仕）的阻碍无法脱离与炮在同一直线上，炮架也因为自己士（仕）的阻碍无法撤离，这种局面就叫作“闷宫”。

参考着法（红先）：

① 车四平二　　车 8 进 1

② 前炮进七　　象 5 退 7

③ 炮三进九　　红胜

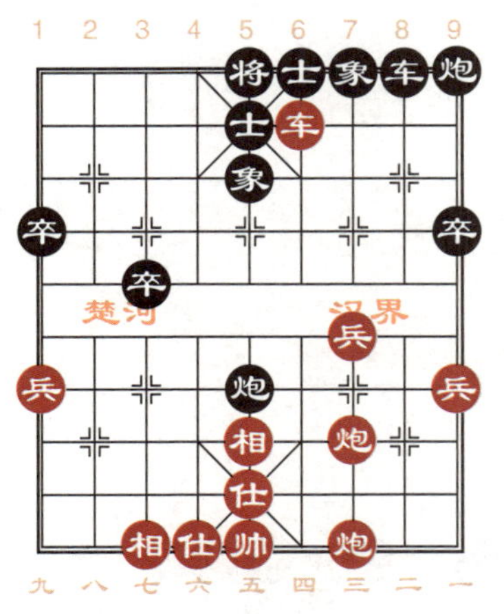

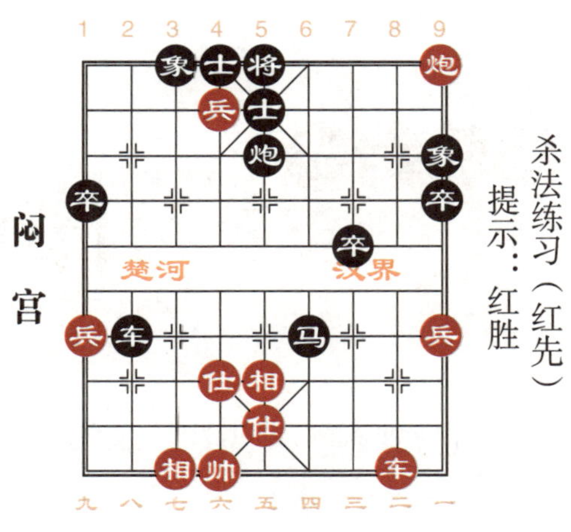

第十四节 双将

双将：两个子同时对对方的老将将军，往往令对方防不胜防，最

常见的有马炮双将、车马双将等。

参考着法（红先）：

① 马四进六	将 5 平 4	② 车四进五	士 5 退 6
③ 炮九平六	卒 3 平 4	④ 马六进四	双将胜

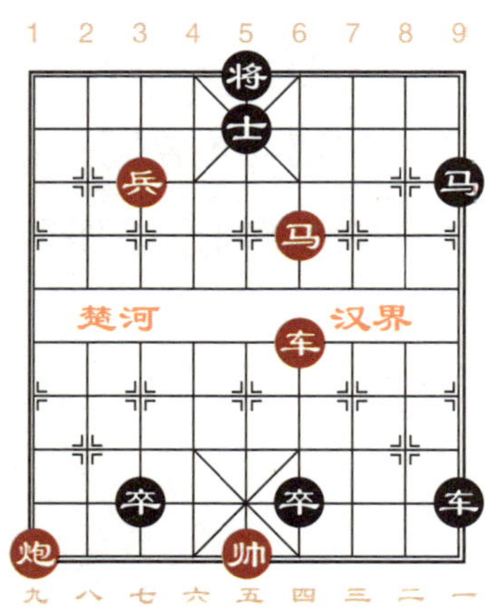

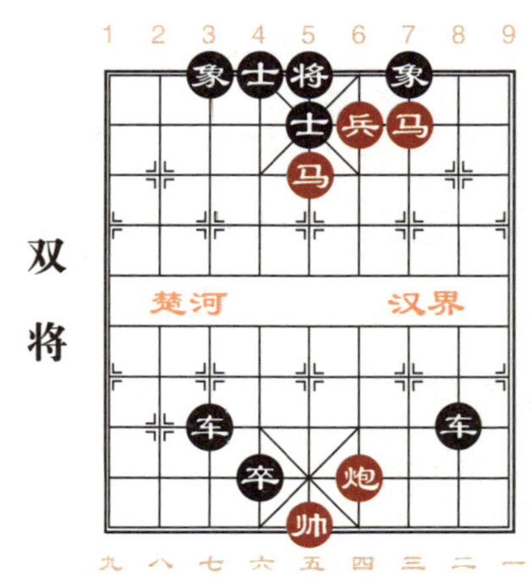

双将

杀法练习（红先）

提示：强势弃马　双将绝杀

白马现蹄

白马现蹄：又叫作“金钩挂玉”，是一种通过弃车引离战术，造成对方九宫士角防守据点失控的巧妙杀法。

参考着法：

① 车六进一	士 5 退 4
② 马八退六	将 5 进 1
③ 车二进七	红胜

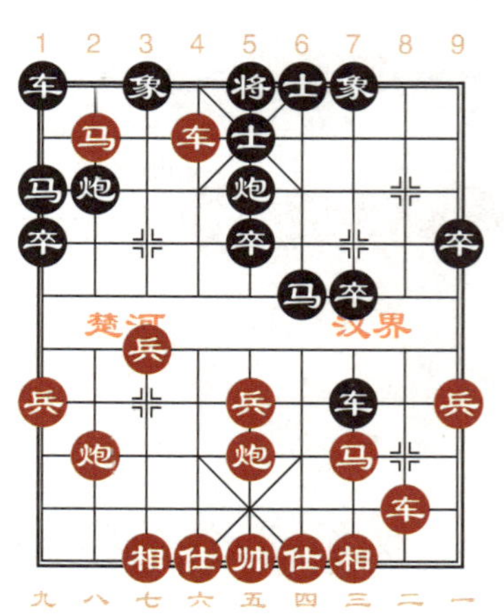

双马饮泉

双马饮泉：指用一马走到金钩马位置（对方下二路横线与二（2）、八（8）路纵线相交的位置，即对方底马的前一步位置），另一马走到卧槽马位置，双马相依，互借威力所构成的杀法。

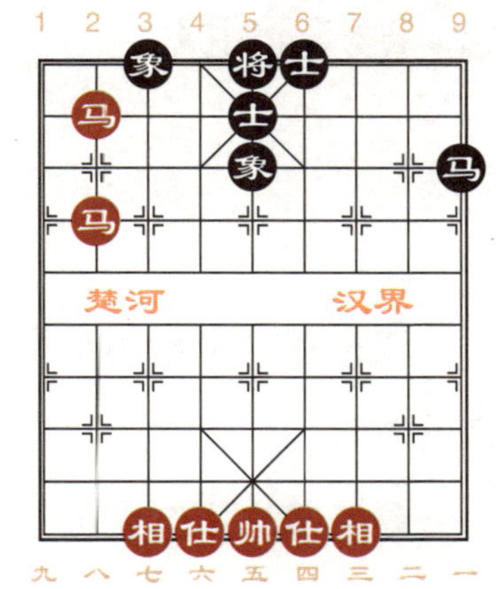

参考着法（红先）：

① 后马进七　　　将 5 平 4

② 马七退五　　　将 4 平 5

黑若将 4 进 1，红则马五退七速胜。

③ 马五进七　　　将 5 平 4

④ 马七退六　　　将 4 平 5

⑤ 马六进四　　　红胜

下面也是双马饮泉的一种经典杀法。初看误以为红兵阻挡了马路，实则是马兵组合的杀法。

参考着法（红先）：

① 马八进六　　　……

进马士角，如果黑方吃马，则马六进四成杀。

② ……　　　炮 7 平 9

黑方平炮做马后炮，红方可以置之不理，抢先成杀。

③ 兵六进一　　　……

献兵双将为双马创造条件。

④ …… 将5平4

⑤ 前马进八 将4平5

⑥ 马六进七 将5平4

⑦ 马七退五 将4进1

⑧ 马五退七 双马绝杀

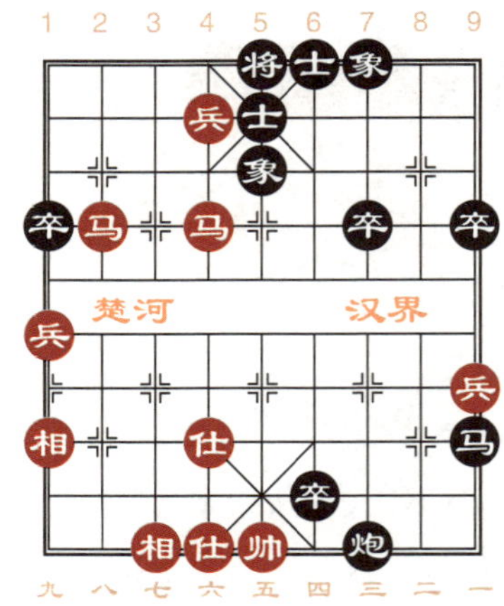

第十七节

双杯献酒

双杯献酒：指用重炮或担子炮攻击对方的底象（相），从而构成闷宫的杀着。

参考着法（红先）：

① 车四进八 炮8平7

② 炮二平三 将5平4

③ 前炮进七 炮7退8

④ 炮三进九 将4进1

⑤ 马二进四 将4进1

⑥ 炮三退二 象5退3

⑦ 车四退一 象3进5

⑧ 车四平五 红胜

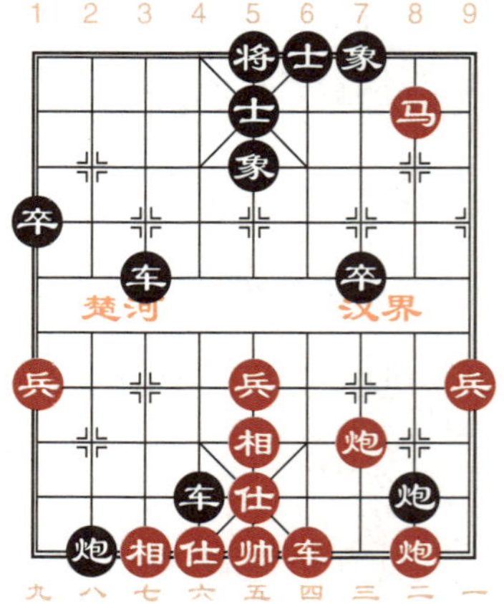

二鬼拍门

二鬼拍门：用双兵分占对方中心士（仕）的两旁锁住将（帅）出路，借助帅力杀将的战术。

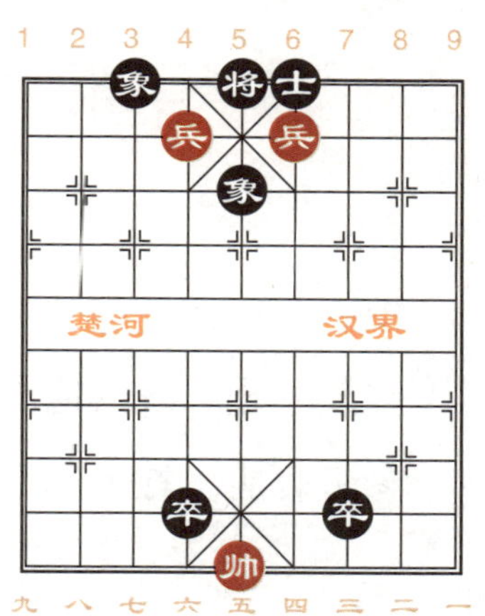

参考着法（红先）：

① 帅五平四　　卒 7 进 1

② 帅四进一　　卒 4 平 5

③ 帅四进一　　士 6 进 5

④ 兵四平五　　红胜

拔簧马

拔簧马：车借马的力量进行抽将得子或将死对方的杀法。这种杀法车可以从马那里获得进攻能量，马就像一个强有力的弹簧具有极大弹性，因此称为“拔簧马”。

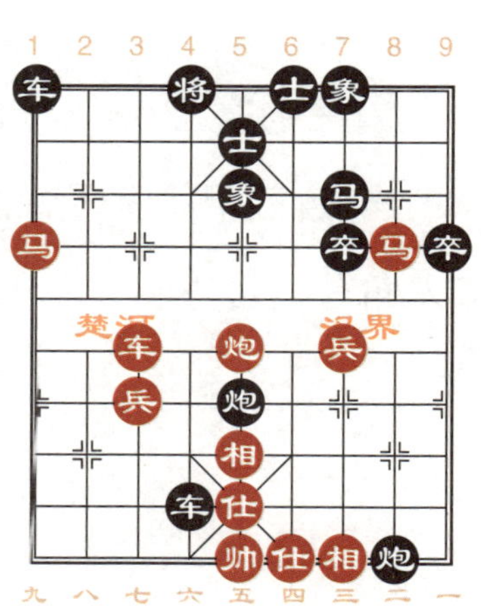

参考着法（红先）：

① 马九进八　　将 4 进 1　　② 车七进四　　将 4 退 1

③ 车七平五　　红胜

第二十节 炮碾丹砂

炮碾丹砂：运用车炮或双炮在对方底线辗转攻击，扫荡对方的士（仕）、象（相）或其他子力，从而入局取胜的杀法，俗称“打剥皮”。

参考着法（红先）：

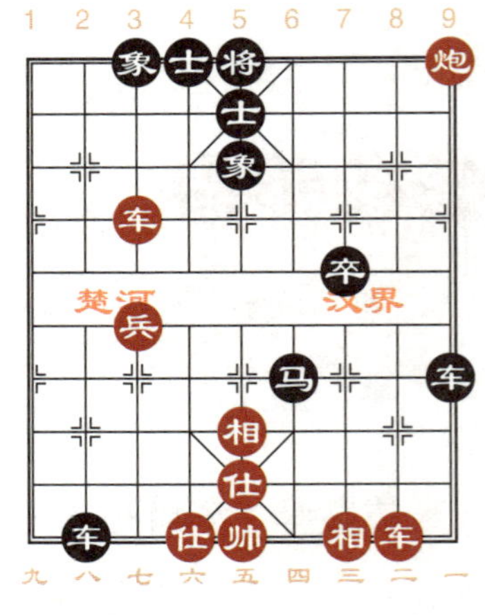

① 车二进九　　士 5 退 6

② 炮一平四！　士 4 进 5

③ 炮四退三　　士 5 退 6

④ 炮四平五　　象 5 退 7

⑤ 车七进三　　将 5 进 1

⑥ 车二退一　　将 5 进 1

⑦ 车七退二　　红胜

当然，除了前面列举的二十种基本杀法外，还有许多其他基础杀法，如八角马、列马车、天地炮、三车闹士、三子归边、臣压君等。

单元测试

1. 图一（八角马）红方先行，如何取胜？

2. 图二（卧槽马）红方先行，如何绝杀黑棋？

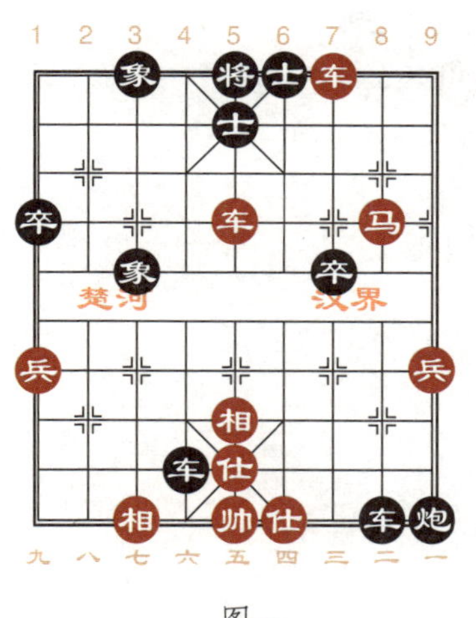

图一

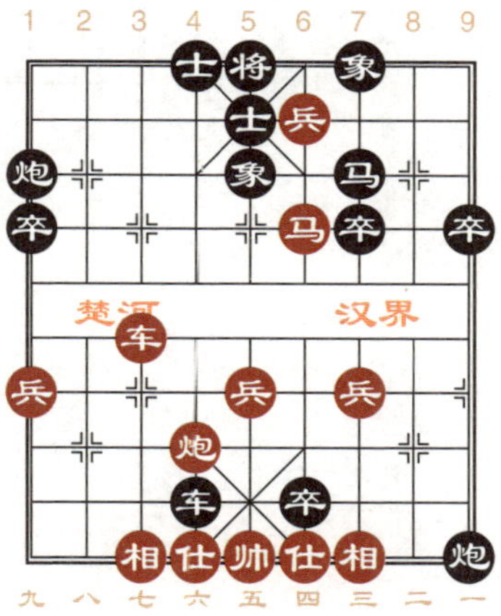

图二

3. 图三（三子归边）红方先行，如何取胜？

4. 图四（天地炮）红方先行，如何绝杀黑棋？

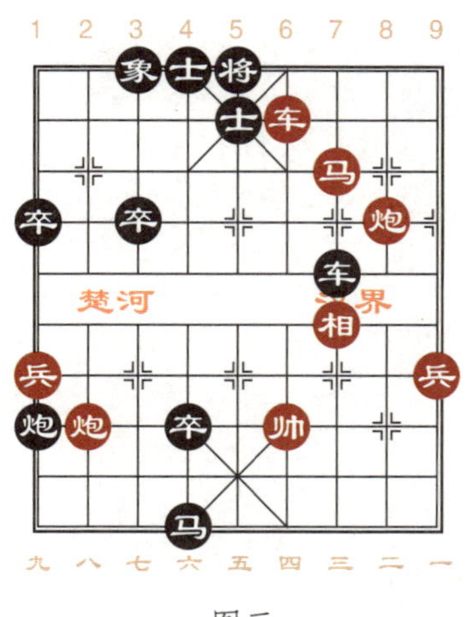

图三

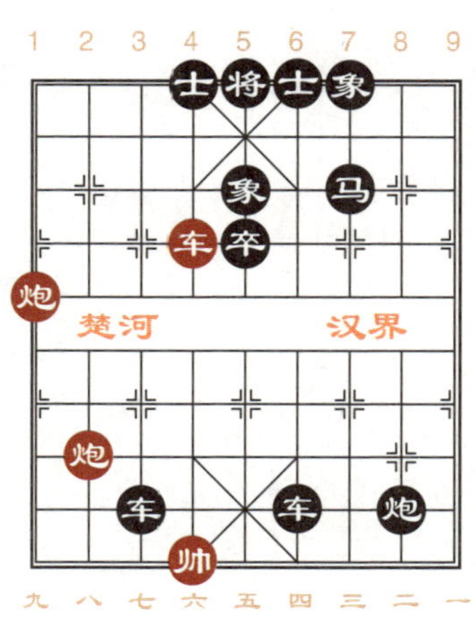

图四

5. 图五（三车闹士）红方先行，能赢吗？

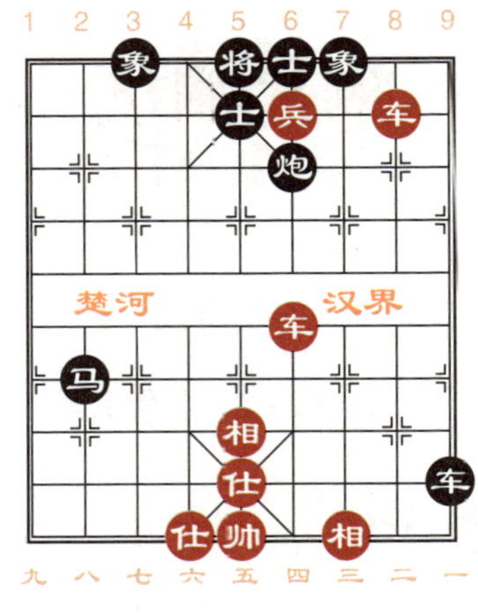

图五

第四章 象棋实用残局

象棋残局是象棋的基础，学象棋的人一般都是先从残棋学起，再学开局、中局。残局一般分为实用残局和民间残局。学习实用残局可以在下棋时明了何种情况下可以简化局势，进入胜、和的局面。

马擒单士

单马必胜单士。如果走成如图形势，只要方法得当，红方最多走七步便能吃掉黑士而取胜。

参考着法：

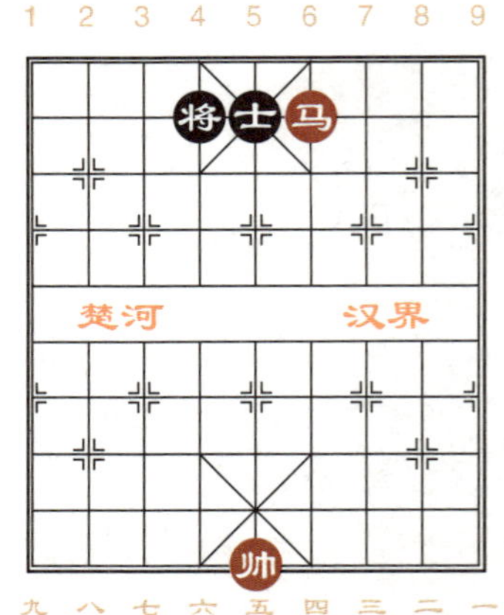

① 马四退五　　将 4 进 1

② 马五进三　　士 5 进 6

③ 马三退四　　士 6 退 5

④ 马四进六　　士 5 退 6

⑤ 马六进八　　士 6 进 5

⑥ 马八进七　　将 4 退 1

⑦ 马七退五　　得士胜定

取士要领：马的点位口诀为 5346875。

第二节

三兵（高兵）必胜士象全

参考着法：

① 兵七进一

由有黑士一侧进兵，胜来简明。另如右兵进一占据 3 线，则仍须左兵锁肋；一旦右兵连进成2线低兵，则有被守和可能。

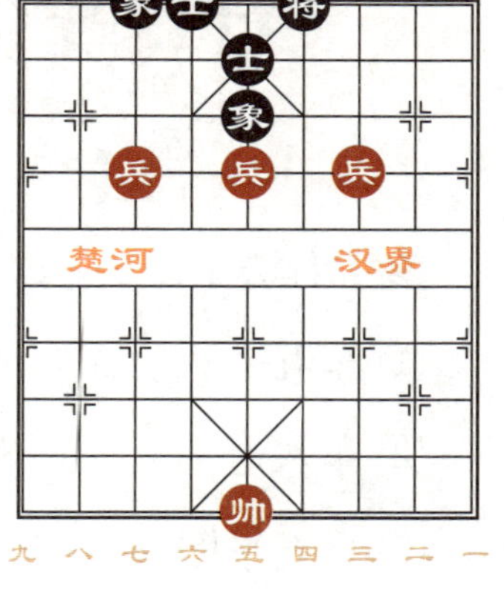

①…… 象5进7

②兵七进一 象3进5

③兵七平六 将6进1

④兵五平四 将6退1

⑤兵三进一

在一侧兵锁肋的形势下，另一侧双兵借帅力挺进，是三兵胜士象全的主要手段。

⑤…… 象7退9

⑥帅五平四 将6平5

⑦兵四进一 象9进7

⑧兵四进一 象7退9

⑨兵三进一 士5进6

⑩帅四平五

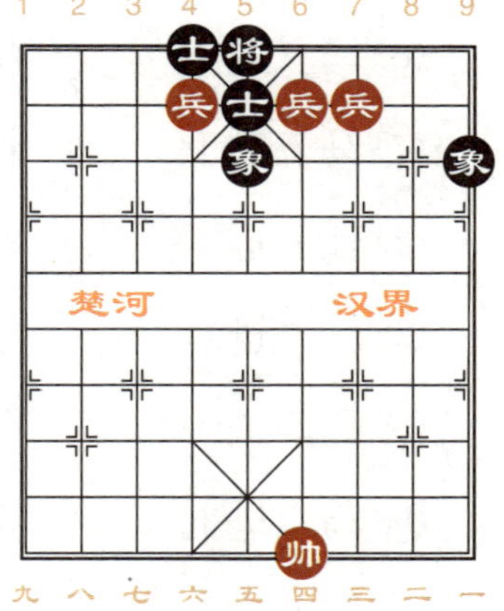

获胜要着，在无仕、相掩护的情况下，红帅及时占中，即可加强控制，又可随时平肋助杀。

⑩…… 士4进5 ⑪兵四平五 士6退5

⑫兵三平四 士5进4 ⑬帅五平四

绝杀，黑方无法防守，红胜。

车马兵仕相全胜单车士象全

参考着法：

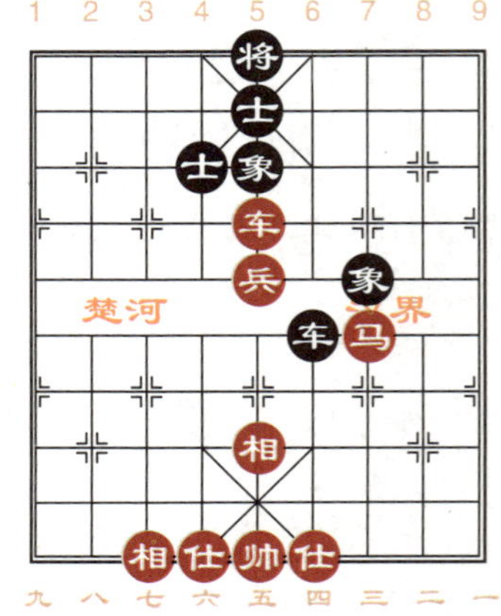

① 车五平八　士 5 退 4

② 车八退一　车 6 退 2

③ 兵五平四　车 6 平 7

④ 车八平五　士 4 退 5

⑤ 仕六进五　将 5 平 6

⑥ 马三退五　将 6 平 5

⑦ 马五进七　将 5 平 6

⑧ 仕五进六　将 6 平 5

⑨ 马七退九　车 7 退 1

⑩ 马九进八　象 7 退 9

⑪ 马八进六　将 5 平 6

⑫ 兵四进一　象 9 退 7

⑬ 车五平四　车 7 退 1

⑭ 马六进七　象 5 退 3

⑮ 士四进五　车 7 进 1

⑯ 马七退六　车 7 退 1

⑰ 兵四进一　士 5 进 6

⑱ 马六进四　象 7 进 5

⑲ 帅五平四　车 7 平 6

⑳ 马四进二　将 6 平 5

㉑ 车四进三　得车胜定

第四节 高低兵胜双象

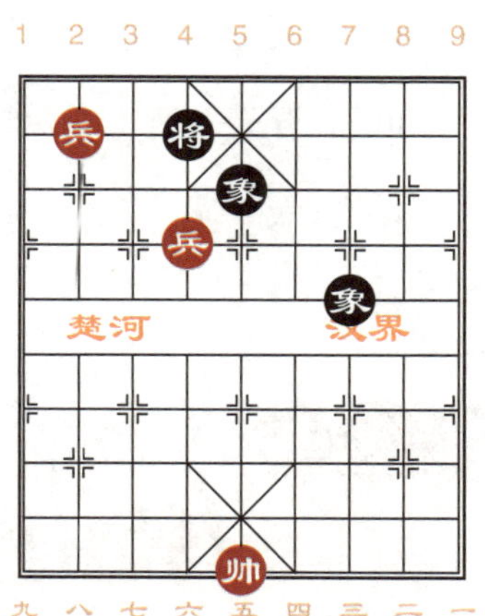

参考着法：

① 兵六平五	象 5 退 7
② 兵五平四	象 7 退 9
③ 兵八平七	将 4 退 1
④ 兵四进一	象 9 进 7
⑤ 兵四进一	象 7 退 5
⑥ 兵四平五	红胜

第五节 炮仕胜双士

双士的活动范围限定在九宫格之内，炮可用仕作炮架，采用各个击破的方法获胜。

参考着法：

① 帅五平六	将 5 平 6	② 士五进四	将 6 平 5
③ 炮六平四	……		

用炮控制士，是本局获胜的关键要着。

③ ……	将 5 平 6	④ 帅六平五	将 6 平 5

⑤ 炮四进七　　将 5 平 4

⑥ 炮四平二　　将 4 平 5

⑦ 炮二退七　　将 5 平 4

⑧ 炮二平六　　将 4 进 1

⑨ 士四退五　　将 4 退 1

⑩ 士五进六　　将 4 平 5

⑪ 炮六平五　　打死黑士获胜

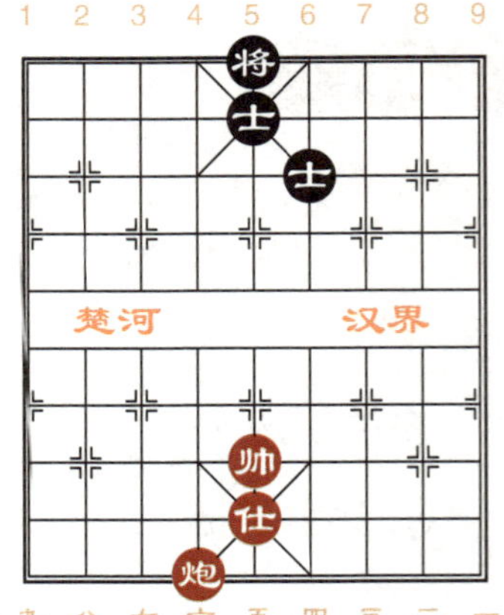

第六节 马炮仕相全胜单马士象全

马炮仕相全胜马士象全的着法变化非常复杂，关键是避免兑子，想办法白吃一个士或象，然后逐个击破。

参考着法：

① 马四进六　　象 5 退 3

② 马六进七　　马 6 退 4

③ 炮四平八　　士 5 进 4

④ 炮八平五　　象 3 退 1

⑤ 炮五退六　　象 1 进 3

⑥ 马七退八　　捉死黑士胜定

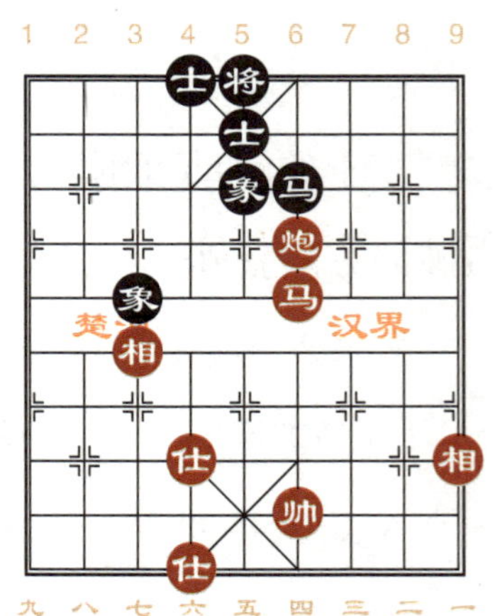

第七节 马炮仕相全难胜单炮士象全

马炮仕相全可以胜马士象全，但难以胜炮士象全，因为炮在将前，可以掩护拦兑，使红炮无从发挥力量。

参考着法：

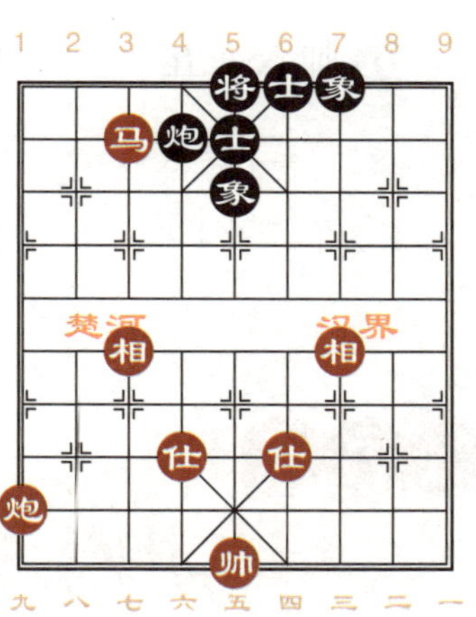

① 炮九平六	将 5 平 4
② 炮六平二	炮 4 进 1
③ 炮二进八	炮 4 退 1
④ 马七退八	炮 4 平 2
⑤ 马八退六	象 5 进 7
⑥ 马六进四	炮 2 平 4
⑦ 马四进二	象 7 退 5

和棋。

第八节 单车必胜马双士

单车对马双士能否取胜？答案是肯定的！具体思路就是通过车帅配合把马逼到无士一边，通过打击黑马和叫杀，借机用帅牵住黑士，然后破士取胜！

参考着法：

① 帅五平六　马 6 退 8
② 车五平八　士 5 退 4
③ 车八进三　马 8 进 7
④ 车八进一　士 6 进 5
⑤ 车八退二　马 7 进 5
⑥ 车八平五　马 5 进 3
⑦ 帅六平五　将 5 平 6
⑧ 车五平二　马 3 退 5
⑨ 车二进二　将 6 进 1
⑩ 车二退三　马 5 退 4
⑪ 车二平四　士 5 进 6
⑫ 车四平六　得士胜定

第九节 车炮仕相全难胜单车士象全

守和的要点如下：

第一，把士象布置成正士象，老将在原位。

第二，车守自己的将门肋道，无论对方怎么引诱，车也不要轻易离开肋道去捉炮。

第三，注意提防对方用炮碾丹砂的办法叫将抽吃士，车在肋道上下走闲，和定！

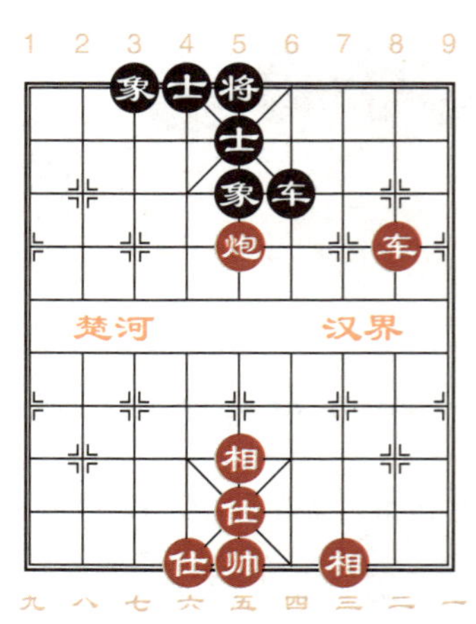

第四，沉底炮抽车时，可以垫车。红炮就算打死了黑车，但红炮也牺牲了，只剩下单车，也赢不了士象全。

第五，己方阵形工整时，若有机会吃炮，大胆舍车换炮。

参考着法：

① 车二进三	车6退2	② 车二退三	车6进2
③ 相五进三	车6进2	④ 炮五退四	车6退2
⑤ 炮五平一	车6进2	⑥ 炮一进七	车6退2
⑦ 车二进三	车6退2	⑧ 炮一平四	士5退6

第十节 车炮仕相全巧胜单车士象全

一般来说，单车士象全能够顶和车炮仕相全。但在一些特殊情况下，如防守方的车未能占住肋道，则有机会巧胜。取胜的关键是，车炮形成铁门栓阵形，逼黑车只能守住底线，调整相炮位置，借机破象形成车炮仕相全对单车士象的必胜残局！

要有计划地安排，先用双相巩固右边的防守，使红炮退藏到黑车无法吃掉的位置，然后稳吃一象，成就必胜的局面。

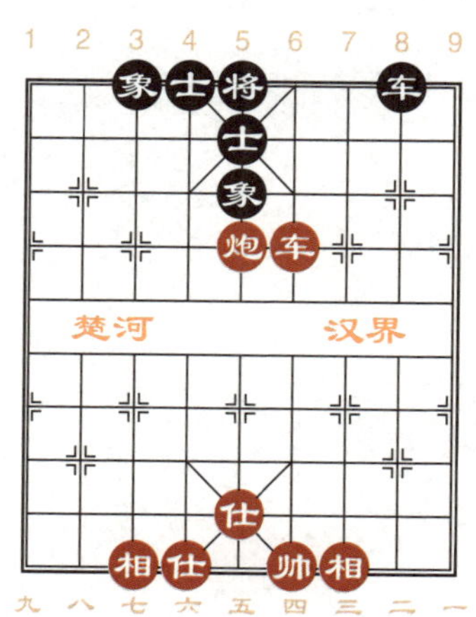

参考着法：

① 相七进五	车8平7
② 相五进三	车7平8

③ 相三进一　车 8 平 9　④ 炮五退四　车 9 平 8

⑤ 车四平七　车 8 进 7　⑥ 炮五进二　……

正着。如马上贪吃象，则黑车吃炮，即成和局。

⑥ ……　车 8 退 3　⑦ 车七进三　车 8 平 5

⑧ 车七退五

黑方丢失一象，单车双士单象不能守和车炮双仕。

马兵难胜士象全

右图盘面就是一个官和的局面，在这种情况下无论红方怎么走，黑方总有能够守和的方法。

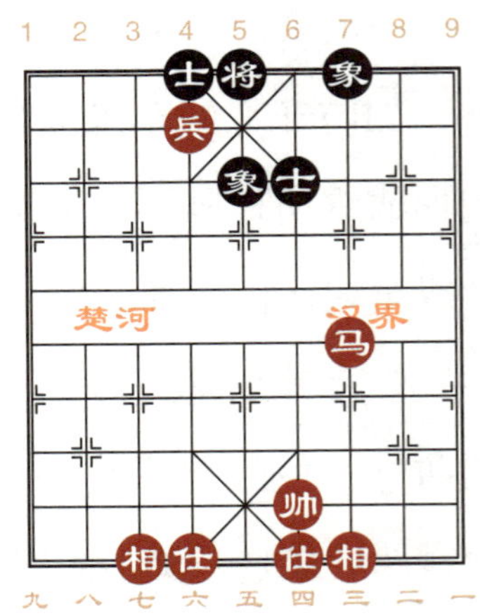

将来红方如马三进二，黑方可将 5 平 6。以下红马不敢吃士，如马二进四吃士，则将 6 进 1 吸住红马，无法脱身（和棋）。若兵六进一，则兵到底线丧失进攻能力，也是和棋。

马兵巧胜士象全

一般情况下，士象全必能守和马兵，但在实战中，一些特定情形下（如图），马兵方也是有机会取胜的。其攻击方法主要有以下几种：

第一，高兵的时候不要急于冒进，帅占领一条肋道，然后把兵攻至另一条肋道，形成兵、帅分边控制对方将门的形势。

第二，马在腾挪的过程中，要避开帅所占领的肋道，防止对方借机拴住马抢回肋道。

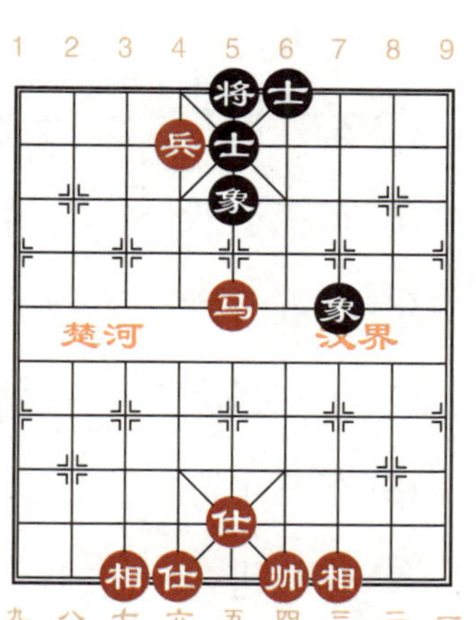

第三，马奔卧槽逼对方支士，借机蚕食对方的士或象。

第四，在对方防守极严密的情况下，找机会白吃对方士或象，形成马兵必胜残士象的局面。

单士拦门

右下图是车单士守和车低兵的基本造型，只要双方应对得当，即成和棋。

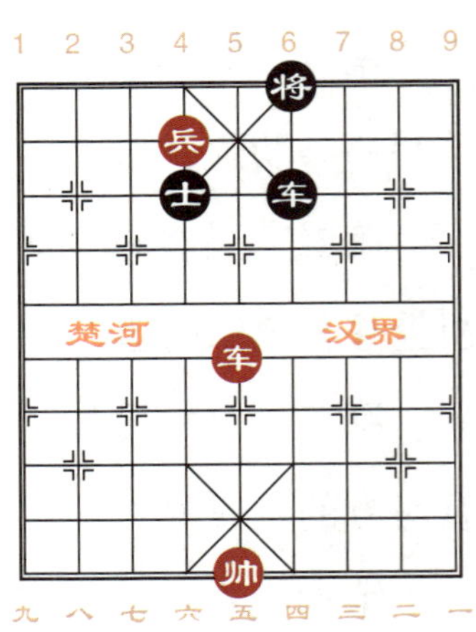

参考着法：

① 车五进五	将 6 进 1
② 车五平三	车 6 进 7
③ 帅五进一	车 6 退 7
④ 车三退一	将 6 退 1
⑤ 车三退八	车 6 平 5
⑥ 帅五平六	车 5 平 6
⑦ 车三进九	将 6 进 1
⑧ 车三平五	车 6 进 6
⑨ 帅六进一	车 6 进 1
⑩ 车五平一	车 6 退 2
⑪ 帅六退一	车 6 退 5

和棋

右图是另外一种和棋局势，名为“太公坐椅”。

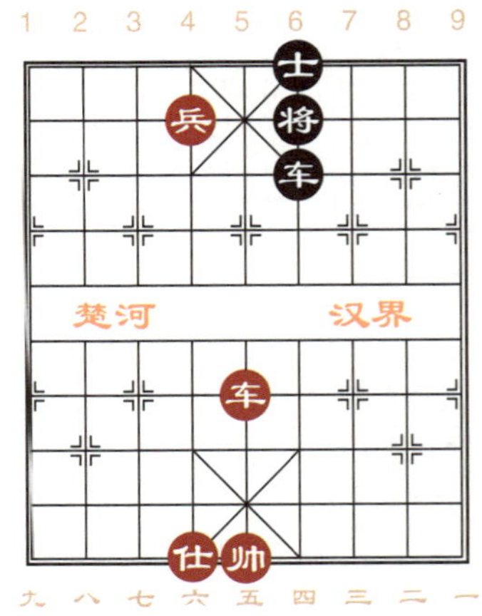

但车兵也有胜车单士的情形。如右图，红方例胜。

参考着法：

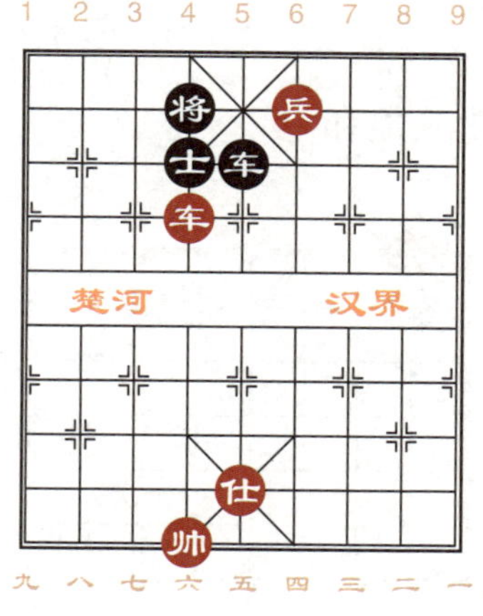

① 车六平七　　车 5 进 3

② 车七进二　　将 4 退 1

③ 车七退七　　将 4 进 1

④ 车七平六　　车 5 退 3

⑤ 车六进五　　车 5 平 6

⑥ 车六退一　　车 6 平 7

⑦ 车六平五　　车 7 进 7

⑧ 帅六进一　　车 7 退 7　　⑨ 兵四平五　　将 4 退 1

⑩ 车五平八　　红胜

第十四节 尼姑打伞

尼姑打伞是双炮光将例和单车的残局。如下图所示，一炮垫在将后，一炮在将前沿竖线移动，好似打伞，故名“尼姑打伞”。

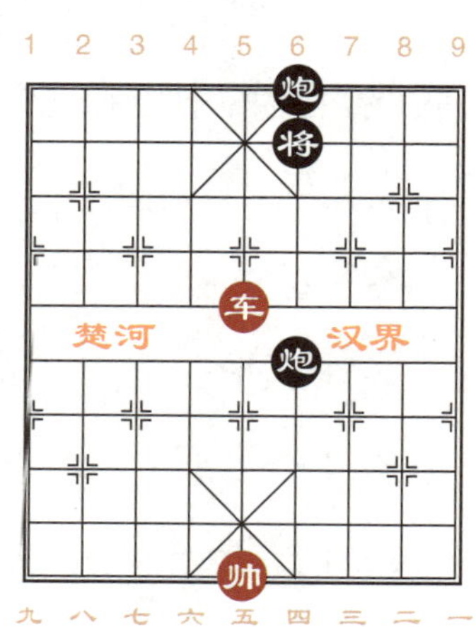

下页左图（红方先行）双炮光将也能守和单车；下页右图（红方先行）却有机会赢棋，不妨一试。

下页左图试演如下：

① 车八平五　　炮 2 平 5

② 车五平二　　　炮 7 平 8　　　③ 帅五退一　　　炮 5 平 3

④ 车二平九　　　炮 3 平 1

方法是无论红车平到哪里，黑方平炮将车拦住，不让红车退回，就能顶和。

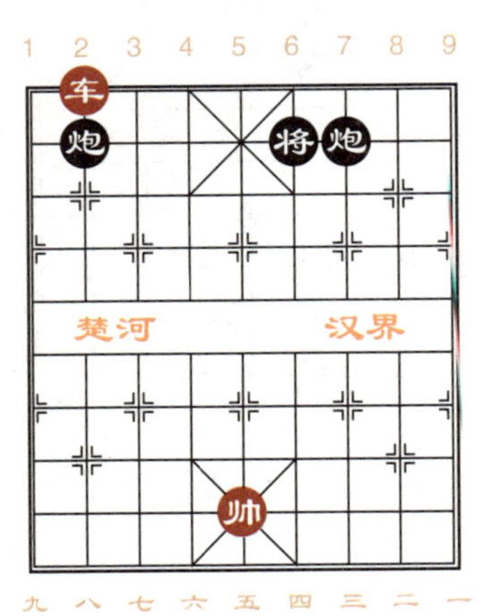

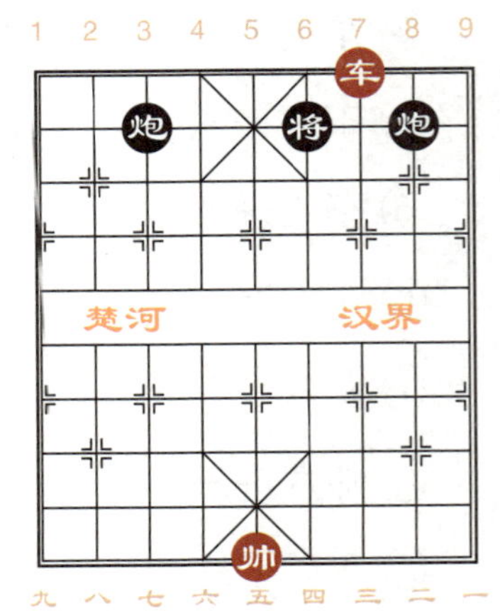

第十五节 单车巧胜马双象

下图这种棋图，单车方可取胜马双象。要点：逼马撤离中路；车入底线，帅占中；在进攻过程中，乘机捉死马或破象。

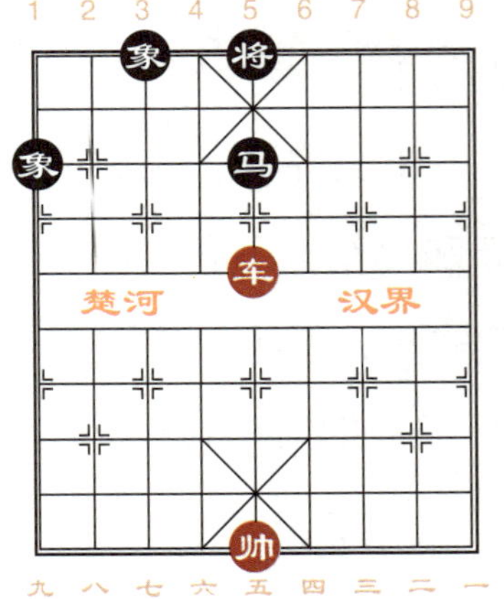

参考着法：

① 车五平一　　　将 5 进 1

② 车一进三　　　将 5 退 1

③ 车一进一　　　将 5 进 1

④ 车一平四　　　将 5 平 4

⑤ 车四平五	马 5 进 7	⑥ 车五退三	马 7 退 6
⑦ 车五进二	将 4 退 1	⑧ 车五平四	象 3 进 5
⑨ 车四平九	象 1 进 3	⑩ 车九平五	象 5 退 7
⑪ 车五进一	将 4 进 1	⑫ 车五平三	破象胜定

但如果是下图这种情况，则马双象可守和单车，着法如下。

① 车五进一	象 3 进 1	② 车五退一	将 4 平 5

和局

黑如第一步走象 3 退 1，则有：

② 车五平三	将 4 平 5
③ 车三进四	将 5 进 1
④ 车三平四	将 5 平 4
⑤ 车四平五	马 5 进 6
⑥ 车五退四	红胜定

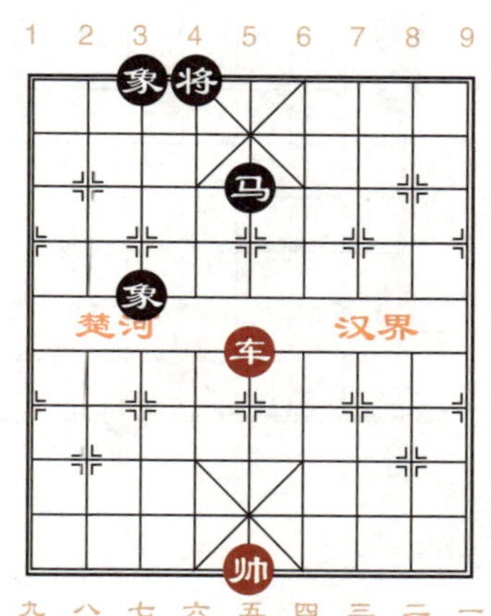

走成中马、高象连接的阵形，术语称为“马三象”，这是唯一的例和定势，守和要点是马不离中象位，将走闲着。

单元测试

红方先行，如何取胜？

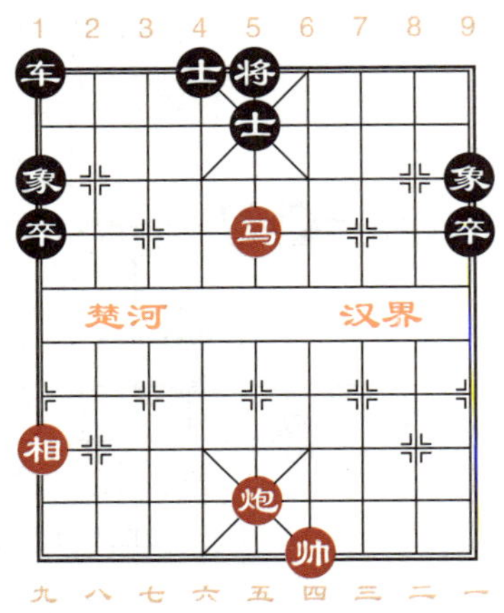

提示：红方先行，红胜。

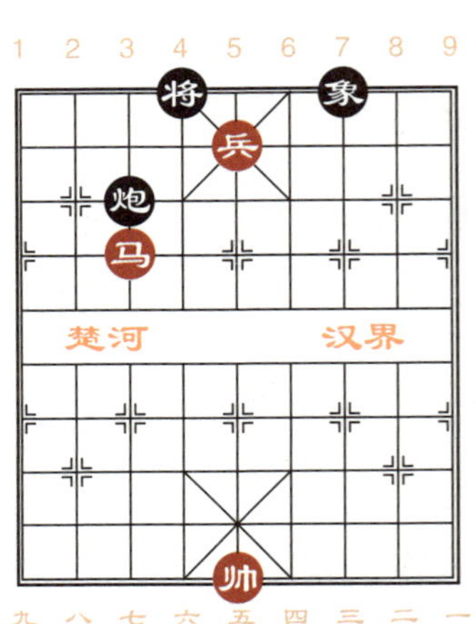

红先，黑怎么守和？

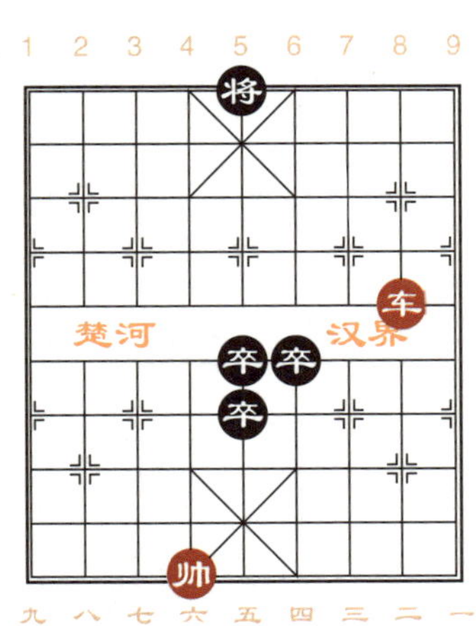

提示：红方先行，红胜。

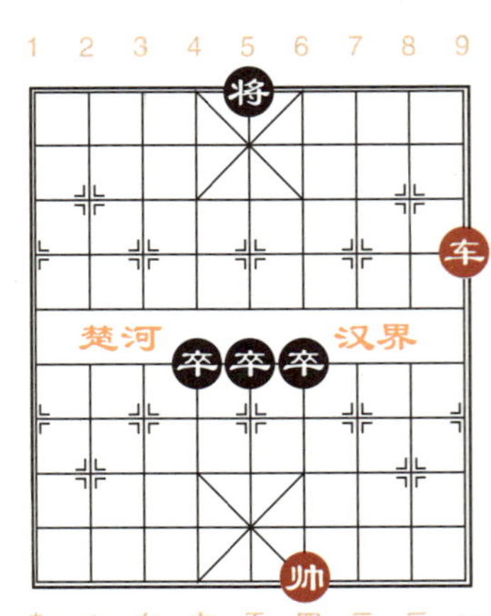

提示：红方先行，和棋。

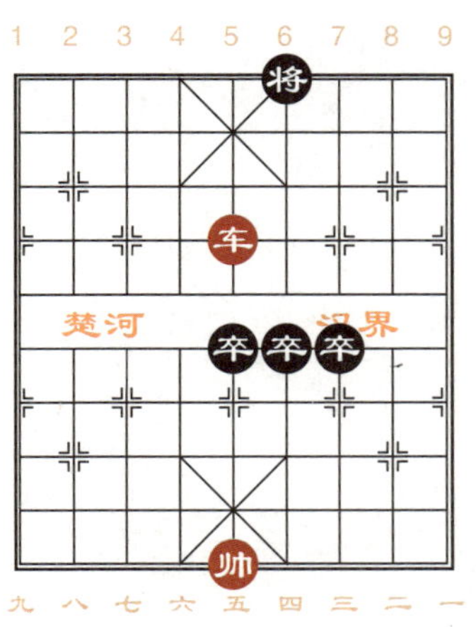

提示：红方先行，红胜。

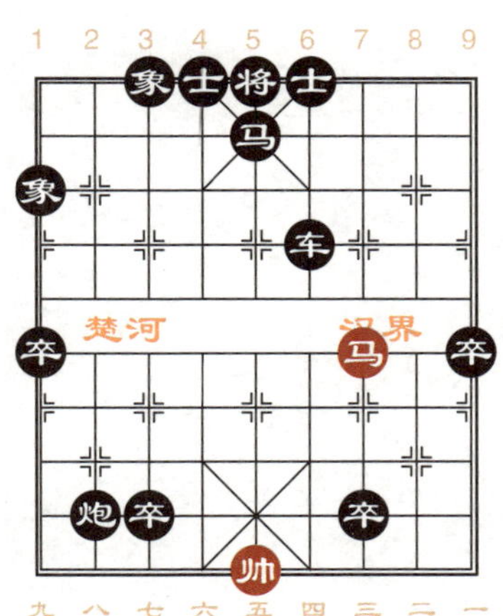

提示：红先行，红胜。

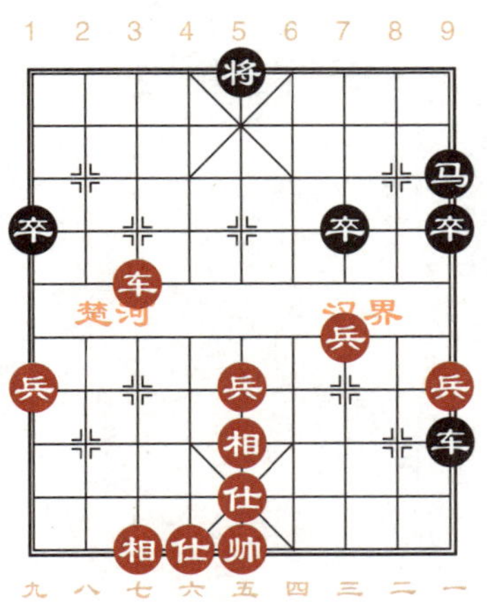

提示：红方先行，红胜。

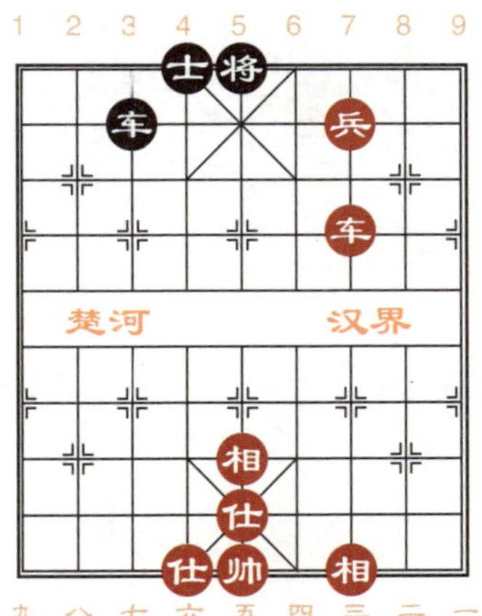

第五章 象棋经典残局

“七星聚会”“野马操田”“蚯蚓降龙”“千里独行”合称“民间四大名局”，为了便于记忆，通常又概括为“七星聚会降龙，野马千里独行”，由于编排精巧，引人入胜，长期以来广泛流行于民间，并经历代棋手悉心钻研，推陈出新，变化繁多。本章就来学习经典残局，这对于提高象棋技战术水平有着重要的作用。

七星聚会

“七星聚会”乃一则古局，此局双方各有七子，故此得名。本局变化多端且深奥，具有很高的研究和实用价值，为历代棋手所推崇，被誉为四大名局之首。原局变化繁多，难以尽述，此处仅摘一变，以飨读者。

着法如下：

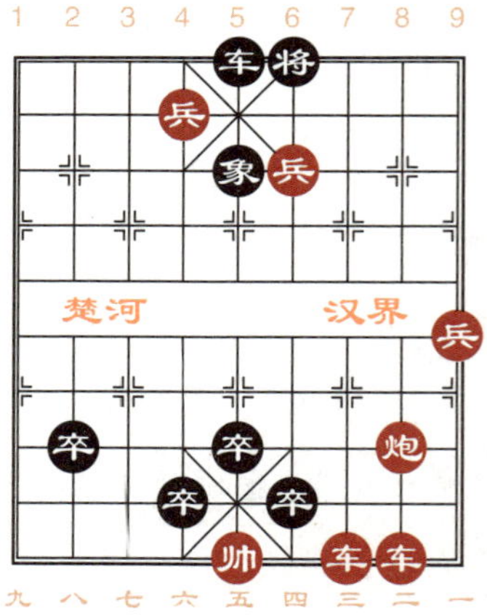

① 炮二平四　　卒 5 平 6

② 兵四进一　　将 6 进 1

③ 车三进八　　将 6 退 1

④ 车二进一　　前卒平 5

⑤ 车二平五　　卒 4 平 5

⑥ 帅五进一　　卒 6 进 1

⑦ 帅五进一　　车 5 平 3

⑧ 兵六平七　　车 3 平 1

⑨ 车三退一　　将 6 进 1

⑩ 车三进一　　将 6 退 1

⑪ 车三退二　　……

如红方仍走车三退一，将 6 进 1 等（重复）着法，属一将一杀，红不变作负。

⑪……　　车 1 进 7

黑如车 1 进 5，红车三平四叫将，再兵七平六，红胜定。

⑫ 车三平四　将6平5　⑬ 车四退五　卒2平3

⑭ 车四平六　卒3进1　⑮ 车六进一　车1退2

⑯ 车六进五　……

捉象兼杀，佳着。

⑯……　车1平5　⑰ 帅五平六　车5进4

⑱ 车六进二　将5进1　⑲ 车六平二　车5平1

⑳ 帅六平五　卒3平4　㉑ 车二平六　车1平9

㉒ 车六平四　车9退2　㉓ 车四退七　车9退2

㉔ 车四进七　车9平5　㉕ 帅五平六　……

如帅五平四，象5进7，黑胜。

㉕……　车5平4　㉖ 帅六平五　车4进1

㉗ 车四平二　车4平3　㉘ 车二平六　卒4平3

㉙ 车六平二　……

暗中保护中兵，正着。

㉙……　卒3平4　㉚ 车二平六　将5平6

㉛ 车六退三　车3平6　㉜ 帅五平六　卒4平3

㉝ 帅六平五　卒3平4　㉞ 帅五平六　卒4平5

㉟ 车六平五　卒5平6　㊱ 车五平二　车6平4

㊲ 帅六平五　车4平3　㊳ 帅五平六　象5进7

㊴ 兵七平六　将6进1　㊵ 车二平三　象7退9

㊶ 车三进一　将6退1　㊷ 车三平一　车3平7

㊸ 车一退二　和棋

野马操田

“野马操田”是车马斗车卒，因其着法深奥，变化多端，且一开始就有红方双车单马可以连杀的假象，所以民间排局都乐于摆设此局。本局是删去了红方一路边兵的修改局，其着法比原局更为奥妙，变化更为繁复，且可弈成和局。

着法如下：

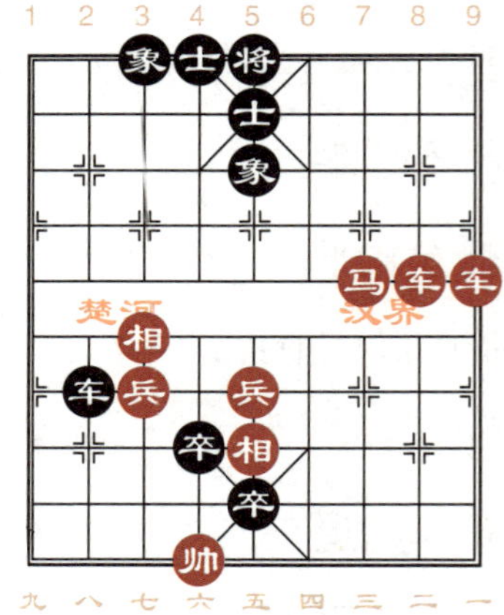

① 车一进四　　象 5 退 7
② 车一平三　　士 5 退 6
③ 马三进四　　将 5 进 1
④ 马四退六　　将 5 平 4
⑤ 马六进四　　将 4 平 5
⑥ 马四退六　　将 5 平 4
⑦ 车三退一　　士 4 进 5
⑧ 马六进四　　将 4 进 1
⑨ 马四退五　　将 4 退 1
⑩ 马五进七　　将 4 退 1
⑪ 车二平六　　将 4 平 5
⑫ 相五退七　　车 2 平 3
⑬ 相七退九　　卒 5 平 4
⑭ 帅六平五　　车 3 平 5
⑮ 帅五平四

如图局势，下一着黑方主要有车 5 平 6 和前卒平 5 两种走法。根据民间俗称，车 5 平 6 的走法称为“大开车”，前卒平 5 的走法称为“小开车”。

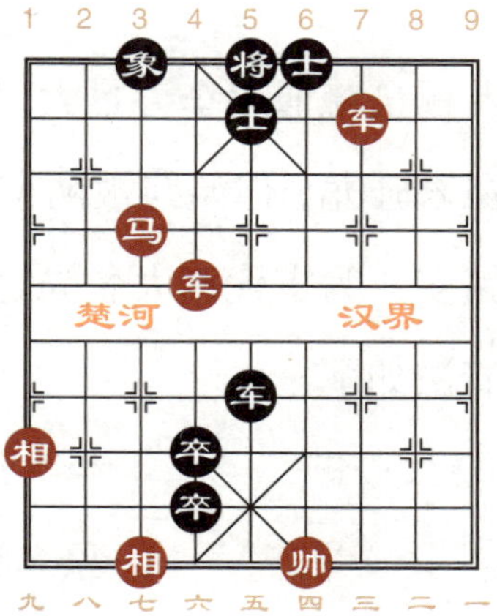

⑮…… 车 5 平 6
⑯ 帅四平五 车 6 平 8
⑰ 车三退八 车 8 平 5
⑱ 帅五平四 前卒平 5
⑲ 马七退五 卒 4 进 1
⑳ 车六退四 卒 5 平 4
㉑ 车三进一 车 5 平 8
㉒ 相九进七 车 8 进 3
㉓ 帅四进一 车 8 平 5
㉔ 车三进四 象 3 进 5
㉕ 车三平二 卒 4 平 5
㉖ 帅四进一 车 5 平 3
㉗ 帅四平五 卒 5 平 6
㉘ 帅五平四 卒 6 平 7
㉙ 帅四平五 车 3 平 5
㉚ 帅五平四 将 5 平 4
㉛ 车二平一 车 5 平 6
㉜ 帅四平五 车 6 平 5
㉝ 帅五平四 车 5 平 8
㉞ 帅四平五 车 8 退 2
㉟ 帅五退一 车 8 平 6
㊱ 马五退六 卒 7 平 6
㊲ 帅五平六 车 6 平 5
㊳ 车一平六 将 4 平 5
㊴ 车六进一 车 5 平 3
㊵ 车六退二 车 3 退 1
㊶ 相七退九 车 3 平 2
㊷ 车六进一 车 2 进 2
㊸ 帅六退一 和棋

第三节 蚯蚓降龙

此局虽貌似双车力量大，但始终被两个小卒牵制，卒子相当于蚯蚓，双车虽若强龙，但始终被两卒牵制，故名“蚯蚓降龙”。全谱变化复杂、着法繁多，为古代四大名局之一。

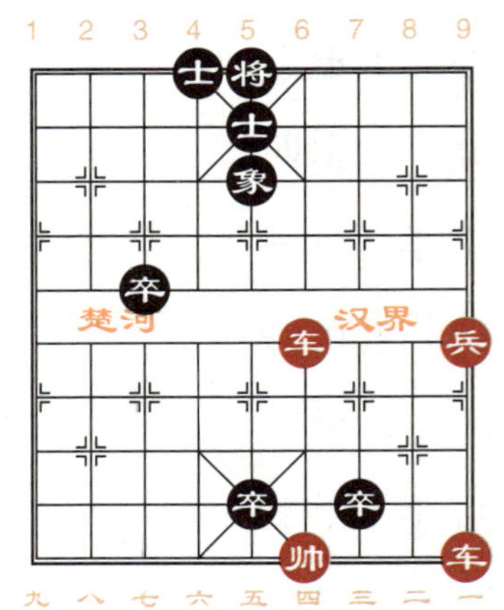

着法如下：

① 兵一进一	卒 3 进 1		
② 兵一平二	象 5 退 7		
③ 兵二平三	卒 3 平 4		
④ 兵三平四	士 5 退 6		
⑤ 兵四平五	士 4 进 5		
⑥ 兵五进一	卒 4 平 5		
⑦ 车四进一	后卒进 1	⑧ 兵五平四	后卒进 1
⑨ 车一平二	将 5 平 4	⑩ 车四退一	士 5 进 4
⑪ 兵四平五	士 6 进 5	⑫ 兵五平六	后卒平 4
⑬ 兵六进一	士 5 进 4	⑭ 车四进五	将 4 进 1
⑮ 车二进八	士 4 退 5	⑯ 车二平三	卒 7 进 1
⑰ 车三退八	士 5 退 6	⑱ 车三进一	卒 4 进 1

（红先和）

第四节 千里独行

“千里独行”为古棋四大名局之一。此局中后阶段黑方边卒兼程疾进，奔袭红方主帅，故名“千里独行”。演化的最终着法是一车大战三兵，着法细腻，引人入胜。

着法如下：

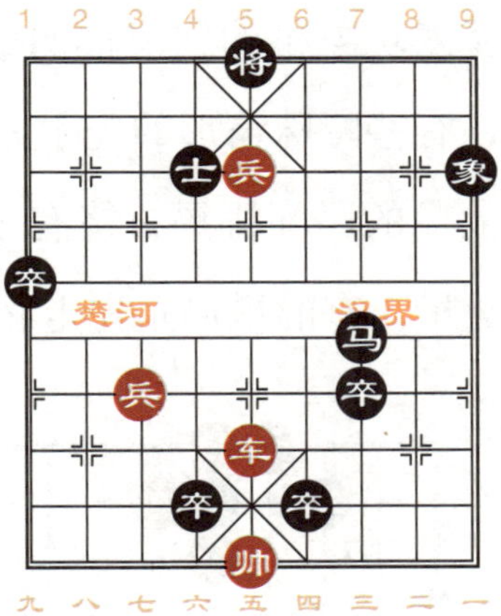

① 车五平二　　卒7平8

② 车二进一　　卒4平5

③ 帅五平六　　士4退5

④ 车二进五　　马7退6

⑤ 车二平四　　象9退7

⑥ 兵七进一　　士5进6

⑦ 兵五进一　　士6退5

⑧ 车四退二　　卒1进1

⑨ 车四平五　　卒1进1

⑩ 兵七进一　　卒1平2

⑪ 兵七进一　　卒2平3

⑫ 兵七平六　　卒3进1

⑬ 兵六进一　　将5平6

⑭ 车五平四　　将6平5

⑮ 车四平五　　将5平6

⑯ 车五平四　　将6平5

⑰ 车四平五　　将5平6

⑱ 车五平四　　士5进6

⑲ 兵六平五　　将6平5

⑳ 车四进一　　象7进5

㉑ 车四平五　　将5平6

㉒ 车五平七　　卒3平4

㉓ 车七平六　卒 4 平 3　㉔ 车六退五　将 6 平 5

㉕ 车六平五　将 5 平 6　㉖ 车五平六　将 6 进 1

㉗ 车六进六　将 6 退 1　㉘ 车六退六　正和

第五节 盲公顶棍

喜爱玩象棋的朋友都明白“先行之利”，先走的一方优势很明显。然而，有些特殊情形的先手方未必能讨到便宜。“盲公顶棍”就是一个大名鼎鼎的民间排局，饶有趣味的是，通过改变炮的初始位置和对头兵的数量，有的棋局是先走必胜，有的棋局是先走必败。

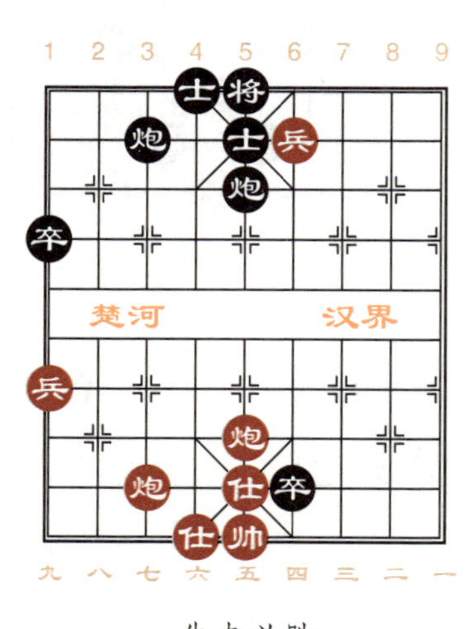

先走必胜

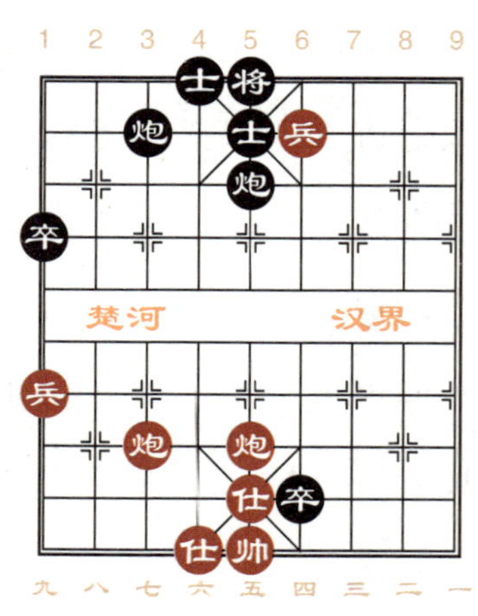

先走必败

盲公顶棍实际上包含了数学博弈论的问题，双方是大致对称的棋局：士与过了河的兵（卒）均不能动，否则输棋。能动的只有两个炮和未过河的对头兵（卒），且炮只能进（退）不能平，否则会被对方闷宫杀。该棋局制胜的关键在于，未过河兵（卒）和两路跑的空步数，谁先走到最后的空步数，谁就赢棋，即把最后一手留给自己，让对方无棋可走（困毙）。

第六节 单骑见虏

该残局据说是南宋末年政治家、文学家、民族英雄文天祥设计的，内涵极为丰富。在文天祥的设计中，黑方代表着外来入侵者，他们实力强（一车一士优于单马单炮），但势力范围有限（被红方完全牵制）；红方代表着南宋朝廷，南宋朝廷不希望用战争的方式解决问题，一心求和，故帅不轻举妄动，马可随意跳动。显而易见，文天祥是用这匹马来表达意愿，希望自己可以冲锋陷阵，为朝廷分忧，同时也希望朝廷能配合自己，敢于战斗。而这盘残局的最终结果是红胜，这正是文天祥最希望看到的结果。

然而红方想要出奇制胜，马、炮、帅该如何配合呢？

参考着法：

①炮一平四　车6进4　②马九退七　车6退5

③马七退六　车6进5　④马六退七　将6进1

⑤马七退六　车6退1　⑥炮四进一　将6退1

⑦帅五进一　将6进1　⑧马六退五　将6退1

⑨马五进三　将6进1　⑩马三进二　车6退1

⑪ 炮四进一　　　将 6 退 1

⑫ 帅五进一　　　将 6 进 1

此时红方有两种精彩的走法：一是马二进一，二是马二进三。现分述如下：

第一种，马二进一。

⑬ 马二进一　　　将 6 退 1

⑭ 马一进三　　　车 6 退 2

⑮ 炮四进二　　　车 6 退 1

⑯ 帅五退一　　　……

此时这步等着，妙手！下一步黑方只能车 6 进 1。

⑯……	车 6 进 1	⑰ 马三进二	将 6 进 1
⑱ 炮四平一	车 6 平 5	⑲ 帅五平六	将 6 平 5
⑳ 炮一进四	将 5 进 1	㉑ 马二退三	抽车胜定

第二种，马二进三。

⑬ 马二进三	车 6 退 2	⑭ 马三进一	车 6 进 1
⑮ 马一退二	将 6 退 1	⑯ 炮四进一	车 6 退 2
⑰ 炮四进二	将 6 进 1	⑱ 帅五退一	将 6 退 1
⑲ 马二进一	将 6 进 1	⑳ 马一进三	红胜

此时黑方只能舍车砍炮，将形成马擒单士的必胜局面，余着从略。

第七节 七擒七纵

参考着法：

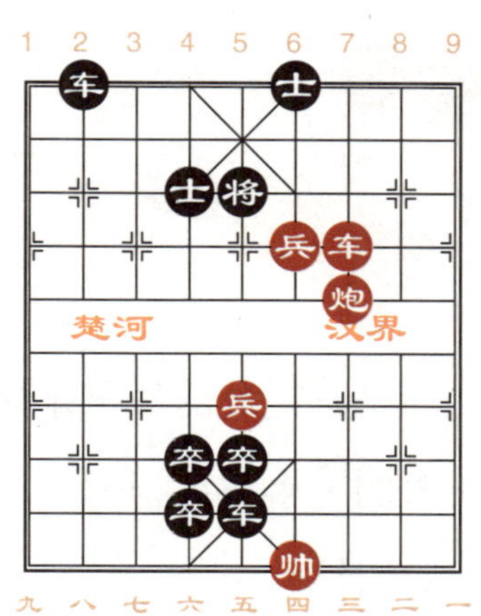

① 兵四进一　　将 5 退 1

② 兵四进一　　将 5 退 1

③ 车三平五　　将 5 平 4

④ 车五进三　　将 4 进 1

黑不能将 4 平 5 吃车，因红炮三进四，士 6 进 5，兵四进一杀，红胜。

⑤ 炮三进三　　……

必须先进炮照将。如立即车五平八吃车，则黑车 5 平 7 捉炮，解杀还杀，黑胜。

⑤ ……　　士 4 退 5　　⑥ 兵四平五　　将 4 进 1

⑦ 车五平八　　将 4 平 5　　⑧ 前兵平六　　……

红若改走兵五平四，则车 5 进 1，帅四平五，将 5 平 6，红无解。

⑧ ……　　将 5 平 4　　⑨ 兵六平七　　将 4 平 5

⑩ 车八退二　　将 5 退 1　　⑪ 车八退二　　……

利用一将一杀的手段，红车由低位暗车转为高位明车，这是常用的一种顿挫技巧。

⑪……　　卒 5 平 6

黑卒必须遮将。如改将 5 进 1，则兵七平六，红胜。

⑫ 车八平五　将5平6　⑬ 车五平四　将6平5

⑭ 车四退三　车5退2　⑮ 兵七平六　将5平4

⑯ 车四平六　将4平5　⑰ 车六退一　和棋

第八节 二龙出海

此局是有记载的最早排局，原名“二龙出海势”，载于南宋末年陈元靓所著的《事林广记》。红方首步跃马卧槽，开启了解杀还杀的精彩好戏，着法精妙绝伦。

参考着法：

① 马二进三　车7进1　② 车四退八　车7退8

③ 车四进九　将5平6　④ 车二进四　车7退1

⑤ 车二平三　红胜

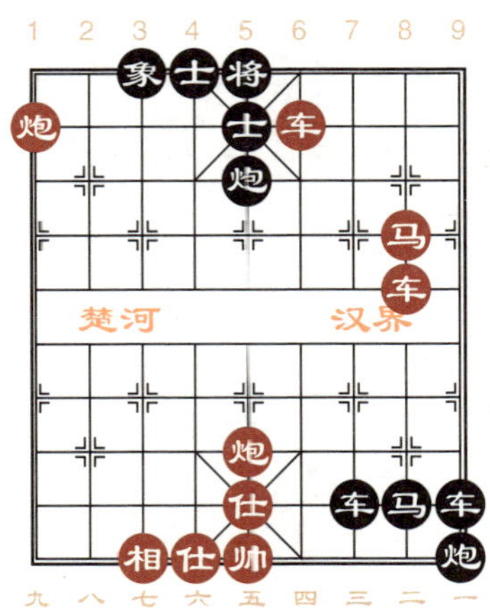

第六章 象棋开局技法

开局对一盘棋来说有着至关重要的作用，如果一方开局失误，一般二十个回合左右就可以分出胜负。所以，棋手们都很重视对开局的研究。根据对方阵型，发现并利用对方的弱点，展开有效攻势，子力配合，兼顾两翼，巩固后防，攻守兼备，才能在开局阶段占据优势。

第一节 开局原则

一、抢（快）出大子

抢出大子主要指车、马、炮的出子速度，而车的出子速度又是最重要的。棋谚有“三步不出车，棋势就空虚”之说，在开局阶段，我们要尽早调动大子，将它们部署到进攻或防守的最佳位置上，从而获得优势并取得主动权。

二、均衡出子

均衡出子是指在开局阶段要注意保持棋子的均衡发展。不要偏重于某一侧或某一种棋子，避免一子多动，影响其他棋子的出动速度。要让棋子占位合理，形成攻守兼备的局面。

三、子力通畅

子力通畅是指在开局时要注意保持棋子之间的相互联系，注意棋子前进路线的畅通（如车要走明路、马前兵适时挺起、力求“车明马活炮位好”等），使棋子之间能够进行有效的协作和配合。

四、勿孤军深入

孤军深入是指在开局阶段将棋子孤立地深入对方阵营。这样容易被对手围堵和攻击，孤立无援的棋子更容易受到敌方的攻击，对局势不利。下棋切忌求胜心切、轻率冒进。

五、有效棋步

有效棋步是指在开局阶段每一步棋都应该有明确的目的和计划，能够推动局势的向好发展。无意义的棋步既浪费了步数，又起不到效果，一定要避免。

第二节 顺手炮

作为斗炮类布局中的主流布局之一，顺手炮体现了注重进攻、以攻代守的战略思想。先手方走当头炮，后手方亦将同侧的炮摆在当头，有弃卒抢先之意，红方如中炮打卒，黑补士后再跳马捉炮，可快速出车。随着象棋水平的进步，顺手炮布局已经发展成为拥有多个分支的庞大布局体系，可分为顺炮直车对横车、顺炮横车对直车、顺炮缓开车对直车、顺炮直车对缓开车等。

一、顺炮直车对横车

① 炮二平五　　炮 8 平 5

② 马二进三　　马 8 进 7

③ 车一平二　　车 9 进 1

④ 马八进七　　车 9 平 4

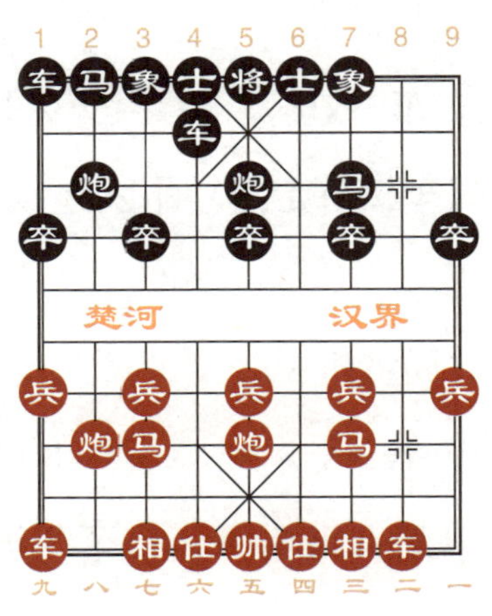

至此，形成顺炮直车对横车的基本阵势。接下来红方可以选择兵三进一、

兵七进一、车二进四等布局阵势。

对局赏析（以兵三进一为例）：

⑤ 兵三进一　马 2 进 3　⑥ 兵七进一　炮 2 平 1

⑦ 车九平八　车 4 进 5　⑧ 马三退五　车 4 平 3

⑨ 炮五平三　炮 1 进 4　⑩ 炮三进四　炮 1 平 5

⑪ 马七进五　炮 5 进 4　⑫ 马五进三　炮 5 退 2

⑬ 炮三进三　士 6 进 5　⑭ 炮三平一　马 7 进 8

⑮ 车八进一　车 3 进 1　⑯ 车二进五　车 3 平 5

⑰ 车八平五　车 5 平 2　⑱ 车五进四　卒 5 进 1

⑲ 车二进四　士 5 退 6　⑳ 马三进四　将 5 进 1

㉑ 车二退一　将 5 进 1　㉒ 马四进六　将 5 平 4

㉓ 车二退一　将 4 退 1　㉔ 马六进七　车 2 平 6

㉕ 马七退五　将 4 平 5　㉖ 车二进一

（本局选自 2018 年“博瑞杯”全国象棋个人锦标赛，陈幸琳胜王子涵。）

二、顺炮横车对直车

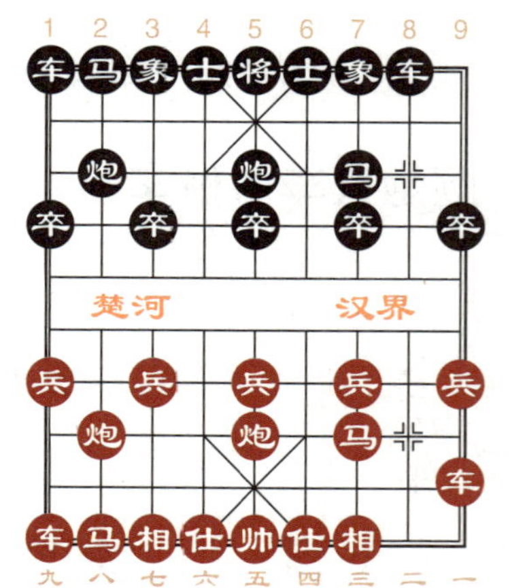

① 炮二平五　炮 8 平 5

② 马二进三　马 8 进 7

③ 车一进一　车 9 平 8

红车接着走车一平六过宫是最常见招法。

对局赏析：

④ 车一平六　车 8 进 4　⑤ 马八进七　马 2 进 3

⑥ 炮八进二　卒 3 进 1

针对黑方屈头双马，红方采用高炮巡河。黑方以卒3进1，是一个求变的着法。

⑦ 车六进五　　象3进1　　⑧ 车九进一　　车8平4

⑨ 车九平六　　车4进4　　⑩ 车六退五　　卒7进1

红方车进卒林线强攻，黑方飞边象保卒，有诱敌深入之意。此时如果平车压马，有孤军深入之嫌，于是调车拼兑，但失掉先行之利。

⑪ 车六进三　　马7进6　　⑫ 车六平四　　炮2进2

⑬ 兵三进一　　炮5平6　　⑭ 车四平五　　炮6平7

⑮ 马三进二　　士4进5　　⑯ 马二进一

此时，红可考虑走兵三进一，则炮7进7，仕四进五，马6进7，车五平四，马7进5，相七进五，炮7平8，兵三平四，车1平4，兵七进一，车4进4，各有千秋。

⑯ ……　　炮7平5　　⑰ 车五平四　　炮5平6

⑱ 车四平五　　车1平4　　⑲ 兵三进一　　马6进4

⑳ 炮五平三　　象7进9　　㉑ 相三进五　　马4进2

㉒ 帅五进一　　车4进6

好棋！此着黑若改走炮6平5，再车4进6夺中兵，黑方不易进取。

㉓ 炮三进一　　车4进1

㉔ 炮三退一　　车4退3

㉕ 兵七进一　　将5平4

㉖ 炮三退一　　炮6进5

㉗ 兵七进一　　象1进3

㉘ 马七退九　　马2进4

㉙ 车五平四　　炮6平9

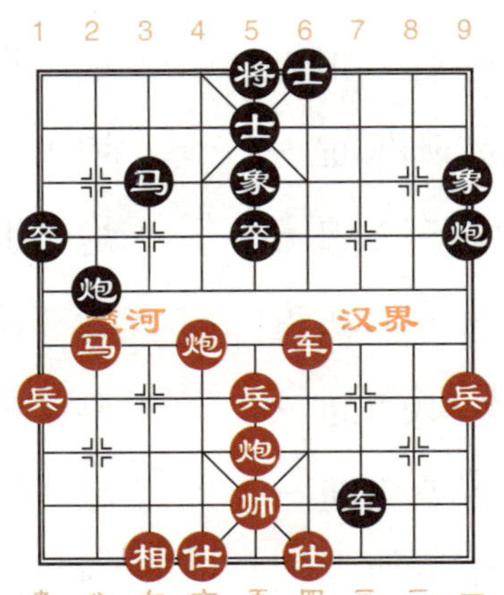

㉚ 炮八平六　将4平5　㉛ 马九进七　炮9退4
㉜ 炮三进一　马4进3　㉝ 相五退七　车4平7
㉞ 炮三平五　象3退5　㉟ 马七进八　车7进4
（见上图）
㊱ 帅五退一　炮2平8　㊲ 车四平二　车7退4
㊳ 炮六退三　炮9平8　㊴ 车二平四　象9退7
㊵ 兵一进一　车7进2　㊶ 兵一进一　前炮进5
㊷ 帅五进一　后炮进3　㊸ 车四平七　马3进4
㊹ 马八退七　马4进5　㊺ 马七进五　车7平5
㊻ 车七平九　车5平7　㊼ 炮五平九　卒5进1
㊽ 炮六进五　车7平3　㊾ 帅五平四　车3进3
㊿ 炮九平五　前炮平4　51 炮六平五　车3退1
52 仕四进五　炮4退1　53 仕五进六　车3退2
54 车九进二　炮4平1　55 车九平八　炮8平4
56 车八退二　车3退3　57 兵一平二　炮1退1
58 后炮退二　车3进5　59 帅四退一　车3退2
60 兵二平三　炮4退1　61 后炮平六　炮4平3
62 兵三平四　卒5进1　63 兵四平五　卒5平6
64 仕六退五　炮1进2　65 帅四进一　炮1退1
66 帅四退一　炮1平4　67 帅四平五　炮4退3
68 车八进五　炮3退5　69 车八退五　炮3进5
70 车八进五　炮3退5　71 车八退五　炮4平3
72 兵九进一　卒6进1　73 兵九进一　后炮平4
74 兵九进一　炮4进5　75 车八进五　炮3退5
76 兵九平八　炮4退5　77 车八退一　炮4进6

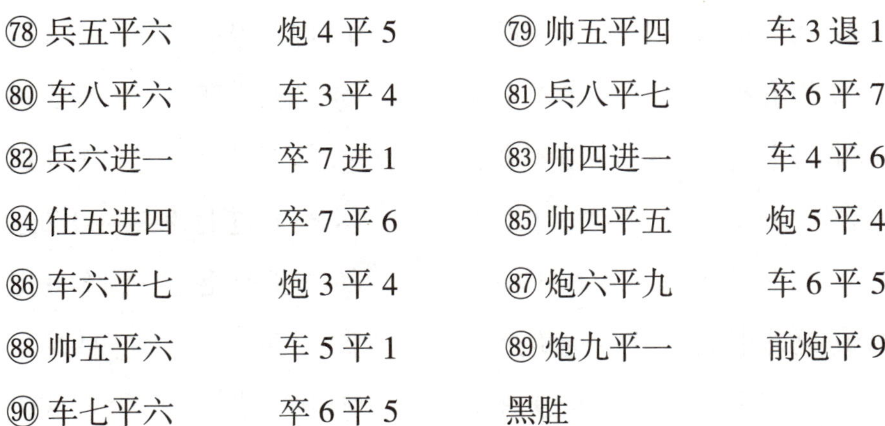

⑱ 兵五平六	炮 4 平 5	⑲ 帅五平四	车 3 退 1
⑳ 车八平六	车 3 平 4	㉑ 兵八平七	卒 6 平 7
㉒ 兵六进一	卒 7 进 1	㉓ 帅四进一	车 4 平 6
㉔ 仕五进四	卒 7 平 6	㉕ 帅四平五	炮 5 平 4
㉖ 车六平七	炮 3 平 4	㉗ 炮六平九	车 6 平 5
㉘ 帅五平六	车 5 平 1	㉙ 炮九平一	前炮平 9
㉚ 车七平六	卒 6 平 5	黑胜	

（本局选自 1980 年全国象棋个人赛，杨官璘负王嘉良。）

三、顺炮缓开车对直车

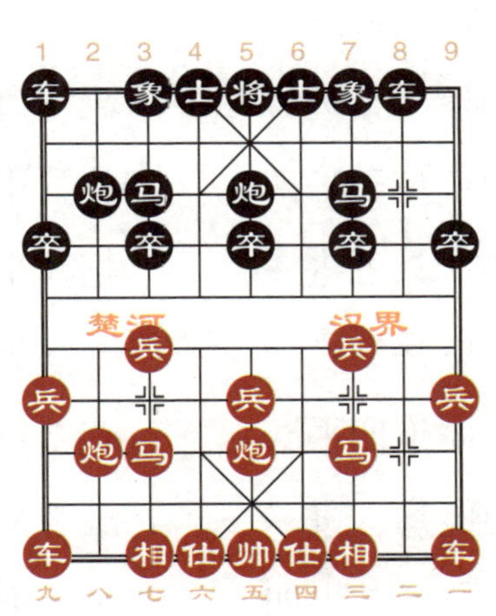

① 炮二平五　炮 8 平 5

② 马二进三　马 8 进 7

③ 兵三进一　车 9 平 8

④ 马八进七　马 2 进 3

⑤ 兵七进一

至此，形成顺炮缓开车对直车的基本阵势。

对局赏析：

⑤……	炮 2 平 1	⑥ 车九平八	车 8 进 4
⑦ 车一平二	车 8 平 2	⑧ 车二进八	士 4 进 5
⑨ 车二平四	卒 3 进 1	⑩ 车四退四	炮 5 平 4
⑪ 车四平六	炮 1 退 1	⑫ 炮八平九	车 2 进 5
⑬ 马七退八	炮 1 平 4	⑭ 车六平五	车 1 平 2
⑮ 马八进七	车 2 进 6	⑯ 兵七进一	车 2 平 3

⑰ 马三退五	车3退2	⑱ 炮九退一	马3进2
⑲ 炮五平三	车3平4	⑳ 马五进四	马2进1
㉑ 马七进九	车4进5	㉒ 帅五进一	车4退1
㉓ 帅五退一	车4平1	㉔ 马九进七	象7进5
㉕ 马七进八	车1平3	㉖ 车五平七	车3退3
㉗ 马八退七	前炮进4	㉘ 马四进二	前炮平9
㉙ 炮三进四	卒9进1	㉚ 兵三进一	卒9进1
㉛ 马二进四	马7进9	㉜ 兵三平二	卒5进1
㉝ 马四进五	士5进4	㉞ 马五进三	炮4平6
㉟ 马七进五	士6进5	㊱ 炮三平五	将5平6
㊲ 炮五平四	将6平5	㊳ 马五进三	马9退7
㊴ 兵五进一	炮9平2	㊵ 兵五进一	炮2退5
㊶ 兵二进一	士5进6	㊷ 炮四进二	炮2平7
㊸ 炮四平八	炮7进2	㊹ 兵二平三	马7进9
㊺ 炮八进一	象3进5	㊻ 兵五进一	马9进8
㊼ 兵三平四	士6退5	㊽ 兵五进一	马8进6
㊾ 炮八退八	马6进4	㊿ 炮八平六	马4退5
(51) 兵四平五	卒1进1	(52) 仕四进五	卒1进1
(53) 帅五平四	马5退3	(54) 后兵平六	马3进4
(55) 帅四进一	卒9平8	(56) 炮六退一	卒8平7
(57) 炮六平五	将5平4	(58) 炮五平六	将4平5
(59) 炮六平五	将5平4	(60) 炮五平六	卒7平6
(61) 兵六平七	将4平5	(62) 兵七进一	卒1平2
(63) 兵七进一	卒2平3	(64) 兵七平六	将5平6

⑥⑤ 相七进五	卒3进1	⑥⑥ 炮六平四	将6平5
⑥⑦ 相五退七	卒6平5	⑥⑧ 炮四平五	马4退3
⑥⑨ 仕五退六	卒3平4	⑦⓪ 兵五平四	卒4平5
⑦① 兵四进一	前卒平6	⑦② 仕六进五	卒5进1
⑦③ 仕五进六	马3退2	⑦④ 兵六平七	马2进1
⑦⑤ 仕六退五	马1退3	⑦⑥ 仕五进六	马3进4
⑦⑦ 兵七平六	马4退6	⑦⑧ 仕六退五	马6进8
⑦⑨ 炮五平六	马8退7	⑧⓪ 兵四平三	马7进6
⑧① 炮六平五	马6退5	⑧② 兵六平七	马5进7
⑧③ 兵七平六	马7进9	⑧④ 帅四退一	卒5平4
⑧⑤ 兵三平四	马9退7	⑧⑥ 仕五进六	卒4平5
⑧⑦ 帅四进一	马7退8	⑧⑧ 兵四平三	将5平6
⑧⑨ 仕六退五	马8进6	⑨⓪ 相三进一	将6平5
⑨① 兵三平四	马6进8	⑨② 相一退三	马8退7
⑨③ 仕五进六	马7进8	⑨④ 仕六退五	士5进6
⑨⑤ 仕五进六	卒5平4	⑨⑥ 仕六退五	卒4平5
⑨⑦ 帅四退一	马8进6	⑨⑧ 帅四进一	士4退5
⑨⑨ 仕五进六	马6进4	⑩⓪ 帅四退一	马4进2
⑩① 相七进五	卒5平4	⑩② 仕六退五	卒6平5
⑩③ 相五进三	卒5平6	⑩④ 相三进一	卒4平5
⑩⑤ 帅四进一	马2退1	⑩⑥ 仕五进六	马1退3
⑩⑦ 相一退三	马3退2	⑩⑧ 兵六平七	马2进4
⑩⑨ 兵七平六	黑方超时作负		

（本局选自1998年“红牛杯”象棋特级大师电视超霸赛，许银川胜李来群。）

四、顺炮直车对缓开车

① 炮二平五　　炮 8 平 5

② 马二进三　　马 8 进 7

③ 车一平二　　卒 7 进 1

④ 马八进七　　马 2 进 3

⑤ 兵七进一

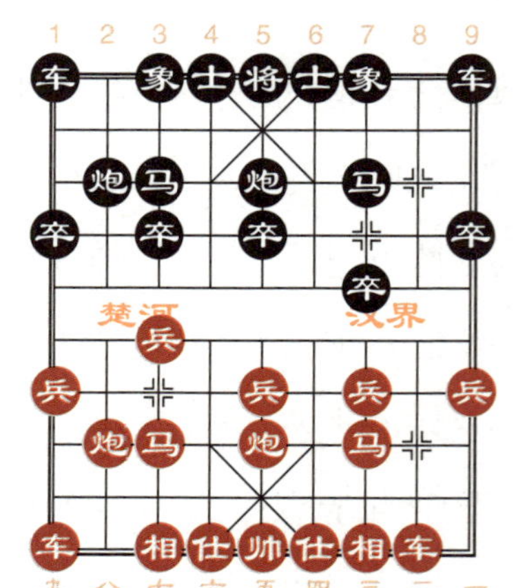

至此，形成顺炮直车对缓开车挺 7 卒的基本阵势。

对局赏析：

⑤……　　炮 2 进 4　　⑥ 马七进六　　炮 2 平 7

⑦ 炮五平七　　车 1 平 2　　⑧ 车九平八　　车 9 进 1

⑨ 相三进五　　车 9 平 4　　⑩ 车二进四　　车 4 进 3

⑪ 炮七平六　　车 4 平 5　　⑫ 马六进七　　车 5 平 4

⑬ 马七退六　　车 4 平 5　　⑭ 炮六平七　　马 7 退 5

⑮ 马六进七　　车 5 平 4　　⑯ 炮八进四　　车 2 进 2

⑰ 仕四进五　　马 5 进 7　　⑱ 兵九进一　　士 4 进 5

⑲ 马七进五　　象 7 进 5　　⑳ 炮七进五　　车 2 平 3

㉑ 车二退一　　卒 7 进 1　　㉒ 相五进三　　马 7 进 8

㉓ 炮八平一　　象 5 退 7　　㉔ 相七进五　　车 3 平 9

㉕ 炮一平九　　炮 7 平 9　　㉖ 兵七进一　　车 4 平 3

㉗ 车八平七　　车 3 平 2　　㉘ 车七进九　　士 5 退 4

㉙ 炮九进三

（本局选自 2018 年全国象棋女子名人赛，唐丹胜伍霞。）

列手炮

列手炮是中国象棋史上发展最早的布局体系，它对攻性强、刚中有韧，故深受攻击型棋手的喜爱。列手炮主要分为大列手炮、小列手炮、半途列炮等类型。

早期的列炮布局，双方均跳边马，故只能靠巡河车带动而出，并着重从侧翼配合。现代列炮局则改跳正马，加强了中心区域的攻防力量。而且在后手方面，大大发展了半途列炮布局，扭转了列炮局一度低迷的状态，使之重获新生。

一、大列手炮

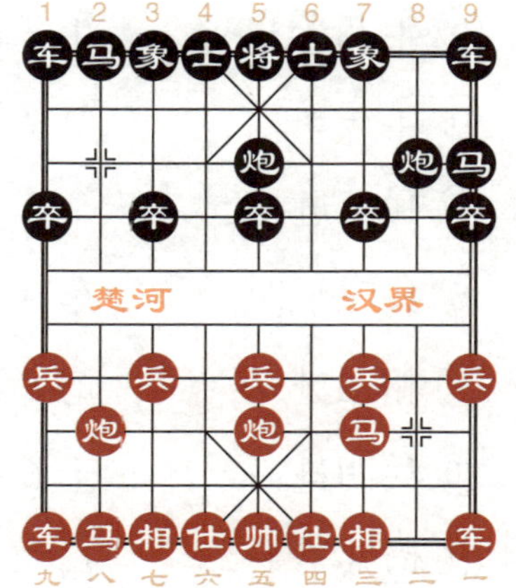

① 炮二平五　　炮 2 平 5

② 马二进三　　马 8 进 9

至此，形成大列手炮的基本阵势。

对局赏析：

③ 车一平二　　车 9 平 8

④ 马八进七　　马 2 进 3

⑤ 车九平八　　炮 8 进 4　　⑥ 兵七进一　　炮 8 平 5

⑦ 马七进五　　车 8 进 9　　⑧ 马三退二　　炮 5 进 4

⑨ 仕四进五　　象 3 进 5　　⑩ 马二进三　　炮 5 退 1

⑪ 炮八平九　　车 1 平 2　　⑫ 车八进九　　马 3 退 2

⑬ 炮九进四　　马 2 进 4　　⑭ 兵三进一　　卒 9 进 1

⑮ 帅五平四　卒 3 进 1　⑯ 兵七进一　象 5 进 3

⑰ 马三进五　炮 5 进 2　⑱ 相七进五　卒 5 进 1

⑲ 马五进七　马 4 进 6　⑳ 炮九进三　士 4 进 5

㉑ 炮九退四　马 9 进 8　㉒ 炮九平五　马 6 进 5

㉓ 马七进五　马 8 进 6

（本局选自 2023 年首届全国象棋女子国手赛，刘欢和党国蕾。）

二、小列手炮

① 炮二平五　马 8 进 7　② 马二进三　炮 2 平 5

至此，形成小列手炮的基本阵势。

对局欣赏：

③ 兵三进一　马 2 进 3　④ 马八进九　车 1 平 2

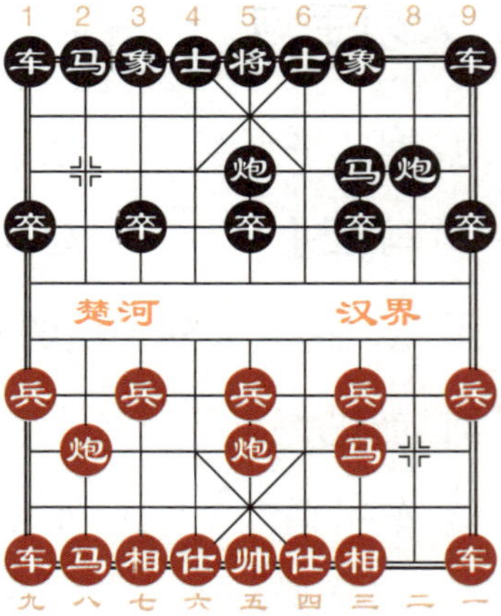

⑤ 车九平八　车 2 进 5

⑥ 车一平二　卒 7 进 1

⑦ 兵三进一　车 2 平 7

⑧ 兵三平四　车 9 平 8

⑨ 相三进一　炮 8 进 4

⑩ 兵四进一　士 6 进 5

⑪ 炮八平七　马 7 进 6

⑫ 车八进五　马 6 进 5

⑬ 炮七进四　士 5 退 6　⑭ 马三进五　炮 5 进 4

⑮ 仕四进五　士 4 进 5　⑯ 车八平四　车 7 进 1

⑰ 帅五平四　炮 8 退 5　⑱ 兵九进一　炮 8 平 6

⑲ 车二进九　炮 6 进 3　⑳ 马九进八　炮 5 退 2

㉑ 车二退五	车7平3	㉒ 炮七进三	马3进4
㉓ 马八进六	车3平6	㉔ 帅四平五	炮6平4
㉕ 兵四平五	炮5进2	㉖ 车二平五	车6平8
㉗ 相一退三	车8平7	㉘ 相三进一	炮4退2
㉙ 兵一进一	炮4平3	㉚ 兵五平六	炮3平5
㉛ 炮七退三			

（本局选自2023年第三届“上海杯”象棋大师公开赛，蒋川胜孟繁睿。）

三、半途列炮

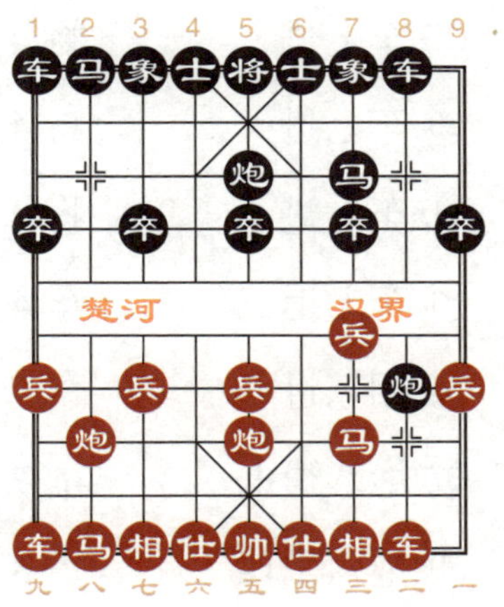

① 炮二平五　　马8进7
② 马二进三　　车9平8
③ 车一平二　　炮8进4
④ 兵三进一　　炮2平5

至此，形成中炮进三兵对左炮封车转半途列炮的基本阵势。

对局赏析：

⑤ 马三进四	马2进3	⑥ 马四进六	车1平2
⑦ 马八进七	马7退5	⑧ 兵七进一	卒3进1
⑨ 兵七进一	马3进4	⑩ 兵七平六	车2进3
⑪ 车九进一	炮5平3	⑫ 车二进二	炮3进7
⑬ 仕六进五	车8进4	⑭ 车九平六	马5进3
⑮ 兵五进一	车2进3	⑯ 兵五进一	士4进5

（见下图）

⑰ 马七进六	车2平3	⑱ 炮八退二	卒5进1

⑲ 兵六平五　　车 8 平 5

⑳ 车二进一　　车 3 平 8

㉑ 车六平七　　象 3 进 5

㉒ 车七退一　　车 8 平 4

㉓ 车七进七　　车 4 退 1

㉔ 炮八进九　　卒 1 进 1

㉕ 兵一进一　　车 4 进 3

㉖ 仕五退六　　将 5 平 4

㉗ 车七进二　　将 4 进 1　　㉘ 车七退一　　将 4 退 1

㉙ 车七进一　　将 4 进 1　　㉚ 车七退一　　将 4 退 1

㉛ 车七进一　　将 4 进 1　　㉜ 仕四进五　　车 4 退 3

㉝ 车七退三　　车 4 平 7　　㉞ 车七平六　　士 5 进 4

㉟ 相三进一　　车 7 平 9　　㊱ 炮五平六　　将 4 平 5

㊲ 炮八退七　　卒 7 进 1　　㊳ 车六退三　　车 9 平 8

㊴ 炮六平四　　车 8 进 4　　㊵ 炮四退二　　车 8 退 2

（本局选自 2018 年“博瑞杯”全国象棋个人锦标赛，申鹏负赵金成。）

中炮对屏风马

针对红方摆起中炮，黑方开局阶段双马正跳守住中卒，其状宛如屏风，故称“屏风马”。该布局已有三百多年的历史，又称“马炮争雄”。

下面介绍中炮对屏风马的一些经典变化，其实无论哪种布局，都是千变万化，在此挑选部分具有代表性的棋局供学习和欣赏。

一、中炮进中兵对屏风马进 7 卒

① 炮二平五	马 8 进 7	② 马二进三	卒 7 进 1
③ 车一平二	车 9 平 8	④ 兵五进一	马 2 进 3

至此，双方走成了中炮对屏风马的布局。黑两匹马都往中间跳，这样的马就是屏风马。

⑤ 车二进六	炮 2 进 1
⑥ 车二退二	炮 8 进 2
⑦ 马八进七	象 3 进 5
⑧ 马七进五	卒 3 进 1
⑨ 炮八平七	车 1 平 2
⑩ 兵三进一	炮 2 进 2
⑪ 兵七进一	卒 7 进 1
⑫ 马五进三	马 7 进 6

⑬ 车二退一	炮 2 平 5	⑭ 马三进五	马 3 进 4
⑮ 炮五进二	马 6 进 5	⑯ 马三退五	马 4 进 5
⑰ 炮七平五	马 5 退 3	⑱ 仕六进五	卒 5 进 1
⑲ 炮五平四	车 8 进 3	⑳ 相七进九	马 3 进 2
㉑ 车九平八	车 8 平 4	㉒ 车八进一	炮 8 平 7
㉓ 炮四退二	车 4 平 2	㉔ 车二平五	士 4 进 5
㉕ 炮五进三	马 2 退 4	㉖ 车八平六	马 4 退 5
㉗ 车五进二	车 2 进 3	㉘ 相九退七	车 2 平 3

㉙ 车六退一　卒1进1　㉚ 相七进五　炮7进2

㉛ 炮四平一　炮7平1　㉜ 炮一进四　炮1平2

㉝ 车六平八　卒1进1　㉞ 炮一平七　车3平4

㉟ 车五退一　车2进5　㊱ 车五进二　卒3进1

㊲ 炮七平九　车2退5　㊳ 兵一进一　卒3进1

㊴ 车五平七　卒1进1　㊵ 车七退二　车4退3

㊶ 车七平九　车4平2　㊷ 炮九进三　车2进2

㊸ 车九平七　车2平1　㊹ 炮九退六　车1进4

㊺ 车七退一　车2进1　㊻ 兵一进一　车2退1

（本局选自2022年腾讯棋牌“天天象棋”全国象棋甲级联赛，苗利明先和蒋川。）

二、中炮过河车对屏风马平炮兑车（红急进中兵）

① 炮二平五　马8进7　② 马二进三　车9平8

③ 车一平二　马2进3　④ 兵七进一　卒7进1

⑤ 车二进六　炮8平9　⑥ 车二平三　炮9退1

⑦ 兵五进一　士4进5　⑧ 兵五进一　炮9平7

⑨ 车三平四　卒7进1　⑩ 马三进五　卒7进1

⑪ 马五进六　车8进8　⑫ 马八进七　象3进5

⑬ 马六进七　车1平3　⑭ 前马退五　卒3进1

至此，形成中炮过河车对屏风马平炮兑车（红急进中兵）。

如图形势，现列举两种走法，分述如下。

（一）仕四进五

⑮ 仕四进五　车8进1

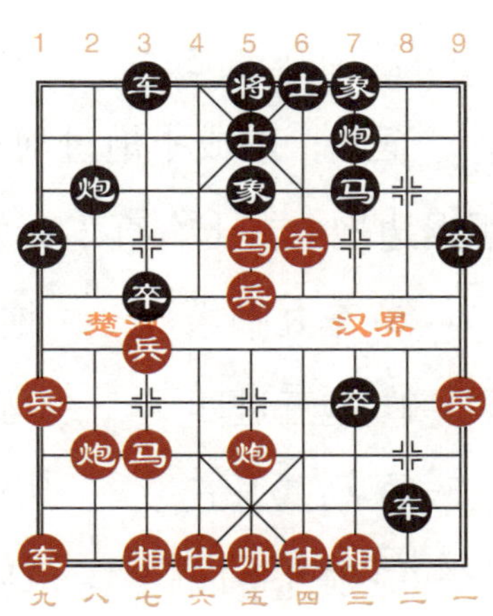

⑯ 车九进一　　卒 3 进 1

⑰ 车九平六　　马 7 进 8

⑱ 车四平三　　马 8 退 9

⑲ 车三退三　　炮 7 进 8

⑳ 兵五平六　　车 3 进 3

㉑ 兵六进一　　车 3 平 2

至此，红虽多子，但黑有攻势，红方形势不妙。

（二）车四进二

⑮ 车四进二　　炮 2 退 1　　⑯ 车四退四　　马 7 进 8

⑰ 车四平三　　卒 3 进 1　　⑱ 马七进五　　卒 3 平 4

⑲ 兵五平四　　车 8 平 2　　⑳ 炮八平九　　车 3 进 6

㉑ 马五进六　　马 8 进 9　　㉒ 车三平六　　炮 7 进 8

㉓ 仕四进五　　车 3 平 5　　㉔ 马五进七

至此，双方对攻，黑中车受限，红有攻势占优。

三、中炮过河车互进七兵对屏风马平炮兑车（红左边炮对黑退边炮上右士右直车）

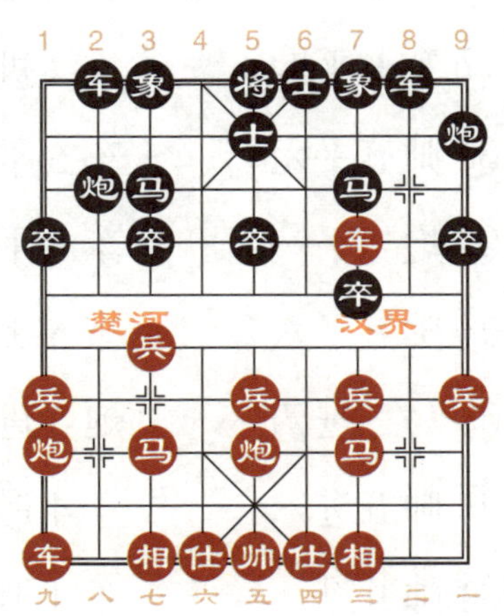

① 炮二平五　　马 8 进 7

② 马二进三　　车 9 平 8

③ 车一平二　　马 2 进 3

④ 兵七进一　　卒 7 进 1

⑤ 车二进六　　炮 8 平 9

⑥ 车二平三　　炮 9 退 1

⑦ 马八进七	士 4 进 5	⑧ 炮八平九	车 1 平 2

至此，形成中炮过河车互进七兵对屏风马平炮兑车（红左边炮对黑退边炮上右士右直车）。

⑨ 车九平八	炮 9 平 7	⑩ 车三平四	马 7 进 8
⑪ 炮五进四	马 3 进 5	⑫ 车四平五	炮 7 进 5
⑬ 马三退五	炮 2 进 5	⑭ 马五进四	象 7 进 5
⑮ 炮九进四	马 8 进 9	⑯ 车五平二	车 8 进 3
⑰ 炮九平二	马 9 进 8	⑱ 仕六进五	炮 7 平 5
⑲ 帅五平六	炮 5 退 3	⑳ 马四进三	炮 5 平 7
㉑ 马三退五	车 2 进 6	㉒ 相七进五	炮 7 进 4
㉓ 马五进四	马 8 退 7	㉔ 帅六平五	车 2 平 6
㉕ 炮二进三	象 5 退 7	㉖ 马四退五	炮 2 平 5
㉗ 仕五进四	车 6 平 4	㉘ 马五退三	炮 5 退 4
㉙ 马七进六	车 4 退 1	㉚ 车八进九	车 4 平 7
㉛ 车八平七	士 5 退 4	㉜ 车七退三	炮 5 退 1
㉝ 车七进一	将 5 进 1	㉞ 车七进一	将 5 退 1
㉟ 车七退一	将 5 进 1	㊱ 车七进一	将 5 退 1
㊲ 车七平四	士 4 进 5	㊳ 车四退五	车 7 平 5
㊴ 帅五平六	车 5 平 4	㊵ 帅六平五	车 4 平 8
㊶ 炮二平一	车 8 平 7	㊷ 相三进一	车 7 平 5
㊸ 帅五平六	车 5 平 4	㊹ 帅六平五	将 5 平 4
㊺ 马三进四	炮 5 进 2	㊻ 马四进五	车 4 进 4
㊼ 帅五进一	车 4 退 1	㊽ 帅五退一	车 4 进 1
㊾ 帅五进一	车 4 退 7	㊿ 马五退三	炮 5 进 1

㉛ 车四平八	车 4 进 6	㉜ 帅五退一	车 4 平 8
㉝ 车八平六	将 4 平 5	㉞ 车六平三	车 8 退 8
㉟ 车三退一	车 8 平 9	㊱ 马三退五	车 9 进 2
㊲ 车三进七	车 9 平 5	㊳ 车三退四	车 5 进 1
㊴ 兵七进一	炮 5 平 9	㊵ 仕四进五	炮 9 退 1
㊶ 马五进七	炮 9 进 2	㊷ 车三退二	炮 9 退 1
㊸ 车三进一	炮 9 进 1	㊹ 车三退一	炮 9 退 1
㊺ 车三进一	炮 9 进 1	㊻ 车三退一	炮 9 退 1
㊼ 相一进三	炮 9 平 8	㊽ 车三平二	炮 8 退 2
㊾ 马七进九	士 5 退 4	㊿ 马九进七	将 5 进 1
71 兵九进一	卒 9 进 1	72 兵九进一	将 5 平 6
73 车二进二	卒 9 进 1	74 车二平一	卒 9 平 8
75 车一进三	将 6 进 1	76 车一退二	士 6 进 5
77 相三退五	卒 8 进 1	78 兵九平八	卒 8 平 7
79 马七退八	将 6 退 1	80 马八退六	车 5 平 1
81 马六退四	卒 7 平 6	82 兵七平六	车 1 平 6
83 马四退二	车 6 平 7	84 马二进一	车 7 进 1
85 车一平二	车 7 平 9	86 车二平四	士 5 进 6
87 兵八平七	卒 6 平 7	88 仕五退四	士 4 进 5
89 仕四退五	车 9 平 7	90 车四退二	将 6 退 1
91 车四平五	士 5 退 4	92 兵六平五	士 6 退 5
93 兵七平六	将 6 平 5	94 兵六进一	卒 7 平 6
95 兵五进一	车 7 平 4	96 车五平四	卒 6 平 5
97 相五进七	车 4 平 5	98 兵五平四	车 5 平 4

⑨⑨ 兵六平五　车4平5　⑩⓪ 车四平六　卒5平6
⑩① 车六进二　卒6平5　⑩② 兵四平三　车5进1
⑩③ 相七退九　车5平1　⑩④ 相九退七　车1平3
⑩⑤ 相七进九　车3退1　⑩⑥ 兵五平四　车3平5
⑩⑦ 帅五平六　车5平2　⑩⑧ 帅六平五　车2平7
⑩⑨ 车六平五　卒5平4　⑪⓪ 相九退七　车7进1
⑪① 相七进五　车7退1　⑪② 车五退二　车7平6
⑪③ 车五平六　卒4平5　⑪④ 车六进二　车6平7
⑪⑤ 帅五平六　车7平2　⑪⑥ 帅六平五　车2平7
⑪⑦ 相五进七　车7进1　⑪⑧ 相七退九　车7退1
⑪⑨ 车六平九　车7平5　⑫⓪ 相九进七　车5平7
⑫① 相七退五　车7平5　⑫② 相五进三　车5进1
⑫③ 相三退一　车5退1　⑫④ 车九平六　车5平7
⑫⑤ 车六退二　车7平6　⑫⑥ 相一进三　车6平5
⑫⑦ 车六进二　车5进1　⑫⑧ 相三退一　车5退1
⑫⑨ 兵三进一　车5平7　⑬⓪ 兵四进一　车7平6
⑬① 车六平五　车6进2　⑬② 兵四平五　卒5平4
⑬③ 车五平二　车6平5　⑬④ 兵三平四　士5退6
⑬⑤ 兵五平六　车5平6　⑬⑥ 兵四平五　车6平5
⑬⑦ 车二退二　士6进5　⑬⑧ 车二进五　士5退6
⑬⑨ 车二退七　士4进5　⑭⓪ 车二平八　士5退4
⑭① 车八平三　士4进5　⑭② 车三平八　士5退4
⑭③ 相一退三　士6进5　⑭④ 车八平三　士5退6
⑭⑤ 车三进二　士4进5　⑭⑥ 车三平七　士5退4

⑭⑦ 车七平八　士6进5　⑭⑧ 车八平三　士5退6
⑭⑨ 相三进五　士4进5　⑮⓪ 车三平八　士5退4
⑮① 车八平九　士6进5　⑮② 车九平三　士5退6
⑮③ 仕五退六　车5进1　⑮④ 仕四进五　车5退3
⑮⑤ 兵五平四　车5平4　⑮⑥ 车三平五　士4进5
⑮⑦ 兵六平五　士5进6　⑮⑧ 兵五平四　将5平4
⑮⑨ 兵四平五　将4进1　⑯⓪ 车五平八　卒4进1
⑯① 车八进四　将4退1　⑯② 车八进一　将4进1
⑯③ 车八平四　红胜。

（本局选自1974年全国象棋个人赛，王嘉良胜杨官璘。）

四、中炮过河车互进七兵对屏风马左马盘河（红七路马）

① 炮二平五　马8进7　② 马二进三　车9平8
③ 车一平二　卒7进1　④ 车二进六　马2进3
⑤ 兵七进一　马7进6　⑥ 马八进七　车1进1

至此，形成中炮过河车互进七兵对屏风马左马盘河（红七路马）的基本阵势。

⑦ 车二平四　马6进7　⑧ 马七进六　车8进1
⑨ 仕六进五　车1平4　⑩ 马六进五　马7进5
⑪ 相七进五　车4进2　⑫ 车四进二　车8平6
⑬ 马五进四　车4平6　⑭ 马四退二　炮2平8
⑮ 车九平六　象7进5　⑯ 车六进四　炮8平7
⑰ 兵五进一　卒3进1　⑱ 兵七进一　象5进3
⑲ 兵五进一　炮7进5　⑳ 炮八平三　象3退5

㉑ 车六平七	马3进2	㉒ 车七平五	士6进5
㉓ 车五平八	马2退1	㉔ 兵九进一	马1退3
㉕ 车八平五	马3进4	㉖ 车五退一	车6进2
㉗ 炮三平一	车6平5	㉘ 车五平六	马4进2
㉙ 兵五平四	车5平1	㉚ 炮一进四	车1进1
㉛ 车六进二	车1平9	㉜ 炮一平八	马2进3
㉝ 相五进七	车9退3	㉞ 炮八平四	马3退5
㉟ 车六平五	马5进7	㊱ 相七退五	

（本局选自2021年乐昌“桃花杯”全国象棋女子甲级联赛，梁妍婷和时凤兰。）

五、五七炮互进三兵对屏风马边卒右马外盘河（红左横车对黑飞右象）

① 炮二平五	马8进7	② 兵三进一	卒3进1
③ 马二进三	马2进3	④ 车一平二	车9平8
⑤ 炮八平七	卒1进1	⑥ 马八进九	马3进2
⑦ 车九进一	象3进5	⑧ 车九平六	马2进1

至此，形成五七炮互进三兵对屏风马边卒右马外盘河（红左横车对黑飞右象）的基本阵势。

⑨ 炮七退一	车1进3	⑩ 车二进六	士6进5
⑪ 兵五进一	炮8平9	⑫ 车二进三	马7退8
⑬ 车六进二	马1退2	⑭ 马三进二	卒1进1
⑮ 炮七平二	马8进7	⑯ 车六平四	卒1进1
⑰ 马九退七	卒1平2	⑱ 马二进一	炮9平8

⑲ 马一进三	炮2平7	⑳ 炮二进五	车1进2
㉑ 车四进三	马2退3	㉒ 车四平三	炮7平6
㉓ 马七进八	车1平2	㉔ 马八退七	车2平5
㉕ 炮五退一	炮6进4	㉖ 马七进五	炮6平5
㉗ 兵一进一	炮8平6	㉘ 炮五进二	车5进1
㉙ 兵三进一	炮6进3	㉚ 炮二退五	炮6平1
㉛ 兵三平四	车5平8	㉜ 炮二平五	炮1退1
㉝ 兵四进一	炮1退1	㉞ 车三退三	车8平7
㉟ 马五进三	炮1平6（和棋）		

（本局选自2022年腾讯棋牌“天天象棋”全国象棋甲级联赛，黄光颖和曹岩磊。）

第五节 中炮对龟背炮

龟背炮，古称“软硬炮”，亦称“鹦鹉炮”“凤凰炮”，属后手开局，构思别致。其特点是一柔一刚，便于把子力集中于一边，伺机反击。弱点是出子迂回，若运用不当，容易造成子力自相拥堵。

① 炮二平五	马8进7	② 马二进三	车9进1
③ 车一平二	炮8退1	④ 炮八进二	炮8平3

前三个回合，就走成了中炮对龟背炮的基本阵势。

⑤ 马八进七	马2进1	⑥ 炮八平三	象7进5
⑦ 车九平八	车1平2	⑧ 车二进七	炮3进1

⑨ 兵五进一	卒 7 进 1	⑩ 炮三进三	炮 3 平 7
⑪ 炮五进四	士 4 进 5	⑫ 马三进五	车 9 平 6
⑬ 兵五进一	车 6 进 5	⑭ 车二退三	炮 2 进 2
⑮ 车二平六	卒 3 进 1	⑯ 仕六进五	炮 2 退 2
⑰ 相七进五	车 6 退 3	⑱ 车六进二	炮 2 平 4
⑲ 车八进九	马 1 退 2	⑳ 兵七进一	象 3 进 1
㉑ 兵七进一	象 1 进 3	㉒ 马七进八	炮 4 退 2
㉓ 马八进九	炮 7 退 1	㉔ 马九退七	马 2 进 4
㉕ 车六平九	马 4 进 5	㉖ 马七进五	炮 7 进 2
㉗ 后马进七	象 5 进 3	㉘ 车九平七	卒 9 进 1
㉙ 车七退一	炮 7 平 5	㉚ 兵五进一	车 6 平 5
㉛ 车七平三	车 5 平 9	㉜ 兵九进一	炮 4 进 6
㉝ 兵三进一	炮 4 平 8	㉞ 车三平八	炮 8 退 1
㉟ 马七进五	车 9 平 5	㊱ 兵九进一	炮 8 退 3
㊲ 兵三进一	炮 8 平 9	㊳ 马五退三	车 5 平 9
㊴ 兵三平四	士 5 退 4	㊵ 马三进四	士 6 进 5
㊶ 马四进三	将 5 平 6	㊷ 兵四进一	炮 9 平 4
㊸ 车八平二	炮 4 退 1	㊹ 车二进四	将 6 进 1
㊺ 马三退二	车 9 退 1	㊻ 马二退三	卒 9 进 1
㊼ 兵一进一	车 9 进 3	㊽ 马三进五	炮 4 进 2
㊾ 车二退一	将 6 退 1	㊿ 兵四进一	士 5 进 6
51 马五进六			

（本局选自 2021 年“亳州杯”全国象棋快棋锦标赛，董毓男胜陈青婷。）

中炮对鸳鸯炮

鸳鸯炮，一般为黑方应付红方中炮直车的后手走法，因双炮集结，如鸳鸯之成双，故得此名。鸳鸯炮有两种形式，第二步走卒3进1的叫作“3卒鸳鸯炮”，走卒7进1的叫作“7卒鸳鸯炮”。3卒鸳鸯炮是象棋特级大师胡荣华首创，是对7卒鸳鸯炮的一种改进。

① 炮二平五　马2进3　② 马二进三　卒7进1
③ 车一平二　车9进2　④ 炮八进二　卒9进1
⑤ 马八进七　炮2退1

此时，面临黑下一步有炮2平8打车的手段，红方有车二进四或车二进六两种走法可供选择。

⑥ 车二进六　马8进7　⑦ 车九进一　卒3进1
⑧ 车九平六　马7进6　⑨ 车六进七　炮2进3
⑩ 炮五进四　马3进5　⑪ 车二平五　士6进5
⑫ 炮八平五　炮8平5　⑬ 炮五进三　象7进5
⑭ 车五平八　炮2平1　⑮ 兵九进一　车1进1
⑯ 车六退六　卒3进1　⑰ 兵九进一　卒3进1
⑱ 马七进九　卒1进1　⑲ 车八平四　车9平6
⑳ 车四进一　士5进6　㉑ 马九进八　车1平3
㉒ 马八进六　马6退4　㉓ 车六进四　车3平8
㉔ 兵五进一　车8进5　㉕ 马三进五　车8平7

㉖ 马五进七　车7平9
㉗ 车六平一　士4进5
㉘ 马七进六　象5退7
㉙ 车一进三　象3进5
㉚ 马六进七　将5平6
㉛ 马七退五　车9平5
㉜ 相七进五　车5退1
㉝ 马五退四　士5进4
㉞ 车一平三　将6进1
㉟ 车三退一　将6退1
㊱ 车三退三　卒1进1
㊲ 车三退二　卒3进1
㊳ 车三进六　将6进1
㊴ 车三平六　士6退5
㊵ 车六平一　士5进6
㊶ 仕四进五　车5退2
㊷ 马四退六　车5进2
㊸ 马六退七　卒9进1
㊹ 车一退四　士4退5
㊺ 仕五退四　卒9平8
㊻ 车一平二　卒8平7
㊼ 车二退二　将6退1
㊽ 马七进五　卒7平8
㊾ 车二平三　卒1平2
㊿ 车三进六　将6进1
(51) 马五退三　卒8平9
(52) 仕四进五　士5进4
(53) 车三退四　将6退1
(54) 车三平四　士4退5
(55) 马三进四　将6平5
(56) 马四进二　车5平4
(57) 马二进一　卒9平8
(58) 车四平八　将5平4
(59) 马一退三　卒2平1
(60) 车八平九　卒1平2
(61) 车九进四　将4进1
(62) 马三进五　车4退3
(63) 马五退四　卒8进1
(64) 车九平二　车4进2
(65) 马四进五　车4退2
(66) 马五退四　车4进2
(67) 马四进五　车4退2
(68) 马五退四　卒8平9
(69) 车二平八　卒2平1
(70) 车八退六　车4进2
(71) 马四进五　车4退2
(72) 马五退四　卒9进1
(73) 相三进一　卒1进1

⑭ 车八平九　　车4进2　　⑮ 马四退五　　车4退2

⑯ 车九平七

（本局选自2005年甘肃“移动通信杯”全国象棋团体赛，许文学胜李永。）

第七节　中炮对三步虎

三步虎，指布局前三步走动三个大子——马、车、炮，上马、亮车、平炮，三步之内就开出主力的布局阵形。一般是后手用来对抗中炮布局的。棋谚“三步不出车，布局要吃亏”就强调了布局中快速出车的重要性。

下面以阎文清、张强的《布局定式与战理》中炮对三步虎（黑挺3卒红过河炮黑右正马式）为例说明。

① 炮二平五　　马8进7　　② 马二进三　　车9平8

③ 兵三进一　　炮8平9

至此，形成黑方三步虎开局。

④ 马八进七　　……

前三个回合形成中炮进三兵对三步虎的基本阵势。现红左马正起，稳健有力，是步公认的“官着”。

④ ……　　卒3进1

挺卒制马兼活通己方马路，是柔中带刚的应着，呈流行趋势。

⑤ 炮八进四　　……

红方进炮过河，可伺机平七压马或平三吃卒，是当前局面下的有效手段。

⑤ …… 马 2 进 3 ⑥ 炮八平七 车 1 平 2

⑦ 车九平八 象 3 进 5 ⑧ 车八进四 车 8 进 4

（黑车巡河乃改进之着。老式的应着是炮 2 平 1，则车八进五，马 3 退 2，车一进一，黑右翼薄弱，易受攻击，红优。）弈至当前局面，红方大致有两种走法：

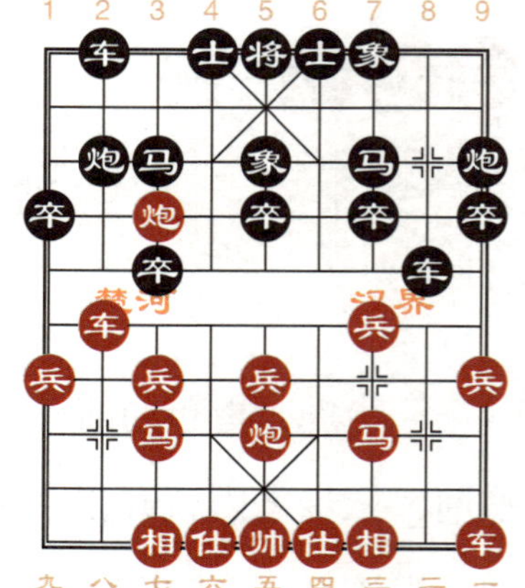

（甲）车一平二,将形成无车残棋。（乙）炮 7 平 3，易形成纠缠之势，双方互有机会。现分述如下：

（甲）车一平二

⑨ 车一平二 车 8 进 5

⑩ 马三退二 炮 2 平 1

（先兑去红方右车，再见机邀兑红巡河车，这是第八回合黑方选择车 8 进 4 的预设路线。）

⑪ 车八进五 马 3 退 2

（再兑一车成马炮残棋已不可避免，如走车八平六，则车 2 进 3，炮七平三，车 2 进 3，红有顾忌。）

⑫ 炮七平三 马 2 进 3 ⑬ 马二进三 马 3 进 4

⑭ 炮三平九 马 4 进 3 （双方基本均势）

（乙）炮七平三

⑨ 炮七平三 （炮击 7 卒，保持复杂多变）

…… 炮 2 平 1 ⑩ 车八进五 马 3 退 2

⑪ 车一进一 马 2 进 3 ⑫ 车一平八 马 3 进 4

⑬ 车八进三 马 4 进 3

（现黑方马踩七兵，争取对红方有所牵制，如改走卒1进1，则兵七进一，红方较优。）

⑭ 炮五平六　　士6进5　　⑮ 炮三平九　　车8平4

⑯ 仕六进五　　马7进6

（至此形成红方多兵，黑方子力活跃的两分之势。）

第八节 反宫马

反宫马是一种开局着法。该布局的特点是一方的双马正起，士角有一炮相隔，也被称为“夹炮屏风”。反宫马有先手反宫马和后手反宫马之分，其中后手反宫马是对抗中炮的常见布局之一。旧的象棋理论认为士角炮妨碍马，从而削弱了中防，因此，反宫马一直被当作偏门布局，直到二十世纪六七十年代一代宗师胡荣华对其重新进行了研究，并著有《反宫马专集》，反宫马才重获新生。

① 炮二平五　　马2进3

② 马二进三　　炮8平6

③ 车一平二　　马8进7

至此，走成中炮对反宫马的基本阵势。

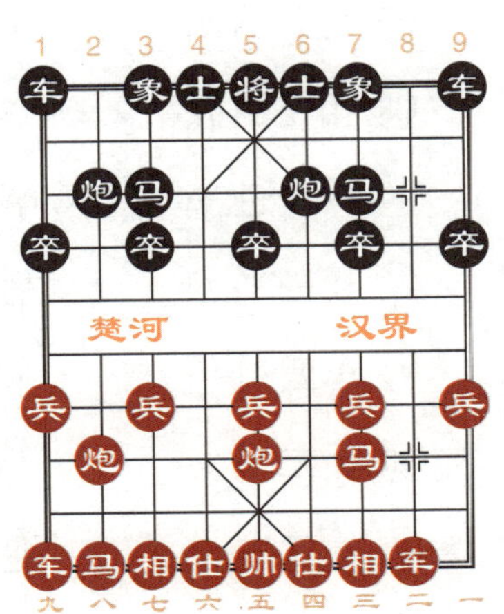

对局赏析：

① 炮二平五　　马2进3

② 马二进三　　炮8平6

③ 车一平二　　卒7进1

④ 兵七进一	马 8 进 7	⑤ 车二进六	马 7 进 6
⑥ 兵七进一	马 6 进 4	⑦ 兵七平六	马 4 进 2
⑧ 马八进七	炮 6 进 5	⑨ 马七进六	马 2 退 4
⑩ 炮八平四	马 4 进 2	⑪ 车二退五	车 9 平 8
⑫ 车九进一	车 8 进 8	⑬ 车九平二	卒 3 进 1
⑭ 车二平六	卒 3 进 1	⑮ 兵六进一	马 2 退 4
⑯ 兵六平七	马 3 退 5	⑰ 车六平七	卒 3 平 2
⑱ 兵七进一	炮 2 平 1	⑲ 兵七平六	马 5 进 7
⑳ 兵六进一	象 7 进 5	㉑ 车七进六	马 7 进 6
㉒ 炮四进二	车 1 进 1	㉓ 车七平六	士 6 进 5
㉔ 车六退二	马 4 进 5	㉕ 相三进五	马 6 退 7
㉖ 炮四平五	马 7 退 6	㉗ 车六进一	炮 1 平 4
㉘ 车六平五	车 1 平 4	㉙ 车五平六	马 6 进 8
㉚ 兵三进一	卒 7 进 1	㉛ 相五进三	将 5 平 6
㉜ 车六平四	马 8 进 6	㉝ 马三进二	车 4 平 3
㉞ 马二进一	车 3 进 5	㉟ 马一进三	将 6 平 5
㊱ 马三退四	车 3 退 2	㊲ 马四进六	车 3 平 5
㊳ 相三退五	卒 2 进 1	㊴ 兵一进一	卒 2 平 3
㊵ 兵一进一	卒 3 平 4	㊶ 兵一进一	卒 4 平 5
㊷ 兵一平二	马 6 退 7	㊸ 仕四进五	士 5 进 6
㊹ 车四退一	车 5 退 1	㊺ 车四进一	车 5 进 1
㊻ 兵二平三	士 4 进 5	㊼ 兵三进一	马 7 进 9
㊽ 兵三进一	炮 4 退 1	㊾ 车四平一	炮 4 平 7
㊿ 车一进二	炮 7 退 1	(51) 马六进七	将 5 平 6

(52) 炮五平四　车5平6　(53) 炮四退二　炮7进6

(54) 车一进一　将6进1　(55) 车一退六　炮7平1

(56) 车一平五　炮1退1　(57) 马七退六　车6退1

(58) 车五进一　炮1退1　(59) 车五平二　士5进4

(60) 车二进四　将6退1　(61) 车二退二　车6进2

(62) 马六进四　炮1平6　(63) 车二平四

（本局选自2024年深圳“贺岁杯”象棋特级大师快棋邀请赛，申鹏胜洪智。）

第九节 单提马

单提马系一种较为少见的开局着法。指一方（不论先手方或后手方）起手走马二进三再马八进九（或走马八进七再马二进一）。据说因屏风马曾有双蹄之称，故此着法初名“单蹄马”，后更名为“单提马”。一般以后手应对中炮居多。特点是迅速出车（如走车9进1），但中路防守较薄弱。

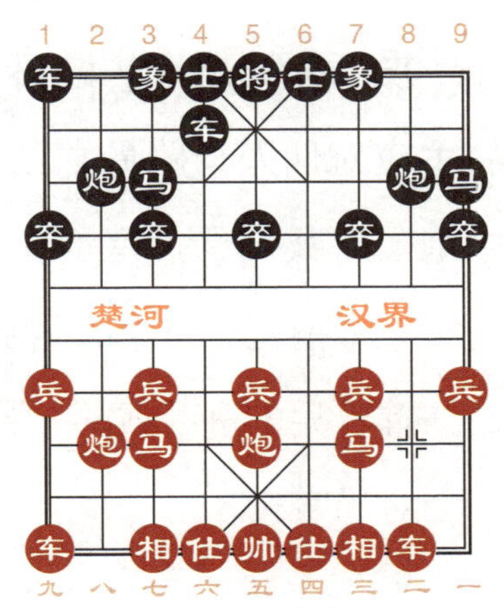

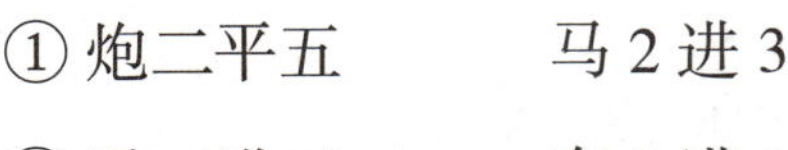

① 炮二平五　马2进3

② 马二进三　车9进1

③ 车一平二　车9平4

④ 马八进七　马8进9

至此，形成中炮对单提马横车布局。

⑤ 炮八进二	卒3进1	⑥ 炮八平三	炮8平7
⑦ 车二进五	车4进6	⑧ 车二平七	象3进5
⑨ 车七进一	炮7进3	⑩ 兵三进一	车1平3
⑪ 车九平八	马3退5	⑫ 车七退二	车4平3
⑬ 车八进七	后车进5	⑭ 兵七进一	马5进7
⑮ 马三进四	车3退2	⑯ 马四进六	士6进5
⑰ 车八平七	车3退3	⑱ 马六进七	卒9进1
⑲ 炮五平三	黑方超时		

（本局选自2023年腾讯棋牌“天天象棋”全国象棋甲级联赛，赵玮胜于幼华。）

第十节 仙人指路

投石问路之意，既可活通马路，又可试探对方棋路，刚柔并济。后手应对仙人指路最常见的莫过于炮2平3卒底炮，此外用飞象、左中炮、对兵局、过宫炮、起马等来应对也屡见不鲜，最有趣的是卒3进1弃卒抢三先走法，俗称“瞎眼狗”。

首着兵七进一或兵三进一，谓之“仙人指路”。

对局赏析：

① 兵七进一	炮2平3	② 相三进五	马2进1
③ 马八进七	炮8平5	④ 车九平八	车1平2

⑤ 马二进四	马 8 进 7	⑥ 车一平二	车 9 平 8
⑦ 炮八进四	车 2 进 1	⑧ 仕四进五	车 2 平 6
⑨ 炮二平四	车 8 进 9	⑩ 马四退二	炮 3 平 2
⑪ 车八平九	车 6 进 3	⑫ 炮八退五	卒 7 进 1
⑬ 兵九进一	马 7 进 8	⑭ 马二进一	卒 9 进 1
⑮ 炮八平七	炮 5 平 9	⑯ 兵七进一	卒 3 进 1
⑰ 马七进六	车 6 平 4	⑱ 炮七进八	士 4 进 5
⑲ 马六进八	卒 3 进 1	⑳ 马八进九	炮 9 平 1
㉑ 车九平八	炮 2 进 2	㉒ 炮七平八	炮 1 平 5
㉓ 车八进三	马 8 退 7	㉔ 炮四进四	马 7 进 6
㉕ 炮四平九	将 5 平 4	㉖ 炮九退一	炮 2 进 1
㉗ 相五进七	马 6 进 5	㉘ 车八进一	马 5 进 7
㉙ 相七退五	车 4 进 4	㉚ 马一退三	炮 5 平 1
㉛ 炮九平四	车 4 退 4	㉜ 炮四退一	炮 1 平 8
㉝ 炮八平九	炮 8 平 6	㉞ 炮四平六	士 5 进 4
㉟ 炮六退二	马 7 退 5	㊱ 车八进五	将 4 进 1
㊲ 车八退六	马 5 退 6	㊳ 炮九平三	士 6 进 5
㊴ 马三进四	炮 6 进 4	㊵ 车八平四	马 6 退 7
㊶ 车四平八	士 5 进 6	㊷ 车八进五	将 4 退 1
㊸ 车八进一	将 4 进 1	㊹ 车八平五	士 6 退 5
㊺ 炮三退一	士 5 退 6	㊻ 车五退二	

（本局选自 2023 年乐昌“桃花杯”全国象棋女子甲级联赛，林延秋胜梁妍婷。）

飞相局

飞相局是稳健型开局，一般先巩固阵地，再伺机反击，它曾是胡荣华的撒手锏，杀败过许多弈林高手。因为飞相没有对黑方构成直接威胁，所以除常见的左中炮、过宫炮、士角炮外，还有多种可行的应对方法。

首着相三进五或相七进五，谓之“飞相局”。

对局赏析：

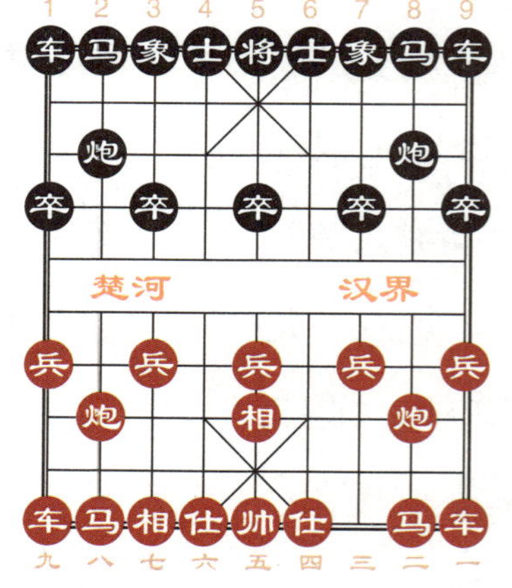

① 相三进五　炮 8 平 4

② 兵七进一　马 8 进 7

③ 炮二平四　车 9 平 8

④ 马二进三　车 8 进 4

⑤ 车一平二　车 8 平 6

⑥ 仕四进五　卒 3 进 1

⑦ 车二进四　马 2 进 3

⑧ 马八进七　卒 3 进 1

⑨ 车二平七　马 3 进 4

⑩ 兵三进一　象 3 进 5

⑪ 炮八平九　炮 2 平 3

⑫ 车九平八　卒 7 进 1

⑬ 兵九进一　车 1 进 1

⑭ 车八进九　卒 7 进 1

⑮ 车七平三　炮 3 退 1

⑯ 马三进二　车 6 进 1

⑰ 车三平四　马 4 进 6

⑱ 马七进六　马 6 进 8

⑲ 炮四平二	炮3平8	⑳ 车八退三	炮8进2
㉑ 车八进一	炮4进2	㉒ 马二进三	炮8进4
㉓ 炮九平二	炮4平8	㉔ 炮二进三	马8进7
㉕ 帅五平四	车1平6	㉖ 炮二平四	车6进2
㉗ 马三退二	车6平8	㉘ 马二退三	车8进4
㉙ 炮四进三	车8平7	㉚ 车八平五	士6进5
㉛ 车五平七	后马进8	㉜ 车七平二	马8进9
㉝ 炮四平一	车7退6	㉞ 炮一进一	士5退6
㉟ 帅四进一	马9进7	㊱ 仕五进四	卒5进1
㊲ 马六进七	士4进5	㊳ 车二进二	

（本局选自2018年腾讯棋牌“天天象棋”全国象棋甲级联赛，蒋川胜徐超。）

第十二节 起马局

红方第一步就跃马（如马八进七），后手方可以采取挺卒制马（卒3进1）。当然还有其他许多可行的应对方法。

首着马八进七或马二进三，谓之“起马局”。

对局赏析：

① 马八进七	卒3进1
② 兵三进一	马2进3

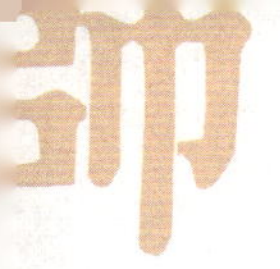

③ 马二进三　车1进1
④ 车一进一　车1平7
⑤ 马三进四　卒7进1
⑥ 炮二平三　马8进9
⑦ 炮八平九　车7平6
⑧ 马四退六　车6进3
⑨ 兵三进一　车6平7
⑩ 车九平八　车9进1 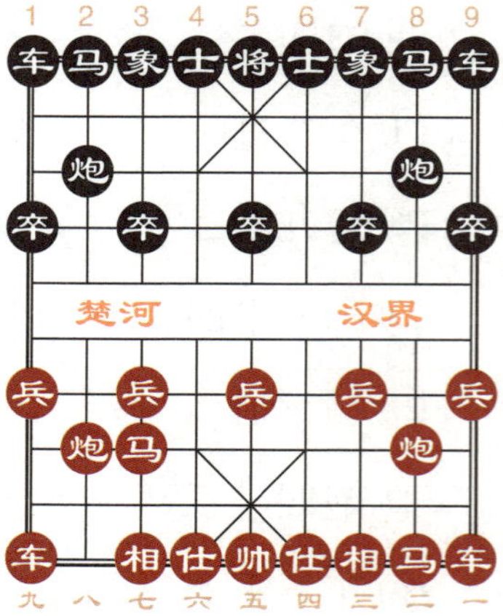
⑪ 车一平三　车7平4
⑫ 炮三进五　炮2进2
⑬ 马七退五　车9平6
⑭ 车三平二　炮8进2
⑮ 炮三退四　车6进4
⑯ 炮九平六　车4平7
⑰ 车二进二　象7进5
⑱ 炮六平三　车7平4
⑲ 后炮平六　车4平7
⑳ 炮六平三　车7平4
㉑ 前炮平四　马9进7
㉒ 车二平三　马7进8
㉓ 炮三平四　车6进1
㉔ 马五进四　车4进2
㉕ 车三进一　车4平5
㉖ 炮四平五　车5平6
㉗ 车三平二　车6平3
㉘ 车八进四　车3进3
㉙ 车八退一　炮8平5
㉚ 仕四进五　卒3进1
㉛ 车二平四　士4进5
㉜ 帅五平四　炮5进4
㉝ 炮五平二　炮5平1
㉞ 炮二进七　象5退7
㉟ 相三进五　车3平4
㊱ 帅四进一　卒3进1

（本局选自2018年腾讯棋牌“天天象棋”全国象棋甲级联赛，李鸿嘉负郑惟桐。）

过宫炮

先手走过宫炮，有利于上马出车、迅速开动主力，攻守兼备。后手过宫炮，常用于应对飞相局、仙人指路等开局。过宫炮阵形集中火力于一翼，子力结构良好，但若运用不当，会自相堵塞。

首着炮二平六或炮八平四，谓之“过宫炮”。

对局赏析：

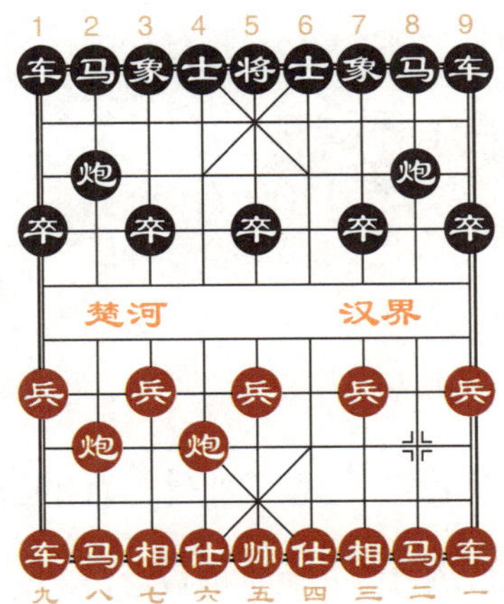

① 炮二平六　卒 7 进 1
② 马二进三　马 8 进 7
③ 马八进七　车 9 平 8
④ 兵七进一　马 2 进 1
⑤ 兵九进一　车 1 进 1
⑥ 车一平二　炮 8 进 4
⑦ 兵九进一　卒 1 进 1
⑧ 车九进五　象 7 进 5
⑨ 马七进六　车 1 平 6
⑩ 车二进二　炮 8 退 2
⑪ 车九进一　炮 2 进 3
⑫ 马六退七　炮 2 进 1
⑬ 相三进五　炮 8 进 2
⑭ 仕四进五　车 6 平 4
⑮ 炮八平九　车 4 进 5
⑯ 炮九进五　象 3 进 1
⑰ 车九进一　炮 2 平 5
⑱ 炮六进七　将 5 平 4
⑲ 车九进二　将 4 进 1
⑳ 兵三进一　炮 5 退 1

㉑ 兵三进一	象5进7	㉒ 马三进五	象7退5
㉓ 车二平三	车8进2	㉔ 车三进二	炮8进1
㉕ 马五退三	卒5进1	㉖ 车三进二	炮8平9
㉗ 马七进五	炮9进2	㉘ 帅五平四	炮5平8
㉙ 马三进二	车8进3	㉚ 车三进一	车8平6
㉛ 帅四平五	车6平8	㉜ 帅五平四	车8平6
㉝ 帅四平五	车6平8	㉞ 帅五平四	车4平5
㉟ 车九平四			

（本局选自2018年“博瑞杯”全国象棋个人锦标赛，蒋川胜黄竹风。）

第十四节 金钩炮

首着法走炮二平七，有的称之为“大过宫炮”，既将子力集中于左翼，又为右翼子力开通道路。

对局赏析：

① 炮二平七	马8进9	② 马二进三	车9平8
③ 车一平二	象3进5	④ 相七进五	卒3进1
⑤ 马八进六	马2进3	⑥ 兵七进一	卒3进1
⑦ 车二进四	马3进2	⑧ 车二平七	士4进5
⑨ 车九平八	马2进1	⑩ 炮八平九	车1平4

⑪ 车八进三	车4进8	⑫ 炮九进四	炮2平1
⑬ 车七进二	马1进2	⑭ 炮七退一	炮8进6
⑮ 车八退二	炮8平3	⑯ 车八平七	车4平3
⑰ 车七退五	车8进7	⑱ 马三退五	马9退8
⑲ 车七进六	炮1退1	⑳ 车七进一	炮1进1
㉑ 车七平九	炮1平2	㉒ 车九平八	炮2平1
㉓ 马五进七	车8退3	㉔ 马七进六	车8平1
㉕ 车八进一	士5退4	㉖ 车八退三	马8进7
㉗ 马六进五	马7进5	㉘ 炮九平五	士6进5
㉙ 炮五平一	车1平9	㉚ 车八平三	车9进2
㉛ 兵五进一	车9退2	㉜ 仕六进五	炮1进4
㉝ 车三平六	炮1平5	㉞ 帅五平六	将5平6
㉟ 炮一平三	炮5平1	㊱ 兵三进一	车9平2
㊲ 炮三进一	车2进5	㊳ 帅六进一	车2退5
㊴ 车六退三	炮1退5	㊵ 仕五进四	将6平5
㊶ 仕四进五	车2平1	㊷ 仕五进六	炮1进1
㊸ 炮三进一	炮1退1	㊹ 车六进五	炮1进1
㊺ 车六退二	炮1退1	㊻ 炮三退二	车1平8
㊼ 帅六平五	车8退1	㊽ 兵五进一	炮1进5
㊾ 兵五平六	炮1平9	㊿ 相三进一	炮9平4
51 车六平五	炮4平9	52 兵六进一	炮9退5
53 炮三进二	车8平5	54 兵六平五	炮9平8
55 兵五平四	士5退6	56 兵三进一	士4进5
57 兵三平二	炮8平9	58 炮三平二	炮9进5

㊾ 兵四平五	炮 9 平 2	㊿ 兵五平六	炮 2 平 5
61 帅五平六	炮 5 平 4	62 仕六退五	炮 4 平 1
63 兵六平七	炮 1 退 2	64 兵七平八	炮 1 平 4
65 兵二进一	士 5 进 6	66 炮二进一	士 6 退 5
67 兵二平三	炮 4 平 9	68 兵八平七	炮 9 平 4
69 兵七进一	炮 4 平 6	70 兵三进一	炮 6 平 4
71 兵七进一	炮 4 平 6	72 兵三进一	士 5 进 6
73 兵七平六	炮 6 退 1	74 兵六进一	

（本局选自 2005 年“启新高尔夫杯”全国象棋甲级联赛，陈富杰胜万春林。）

第十五节 仕角炮

首着平炮于仕角，今后可发展成反宫马、单提马、五六炮等阵形。后手还架反手中炮或挺卒较为流行。

首着炮二平四或炮八平六，谓之“仕角炮”。

对局赏析：

① 炮二平四	马 8 进 7
② 兵三进一	车 9 平 8
③ 马二进三	卒 3 进 1
④ 车一平二	马 2 进 3

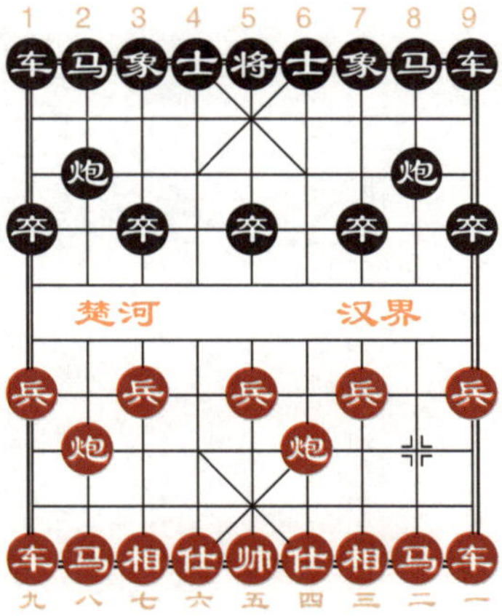

⑤ 马八进七　　象7进5
⑥ 车九进一　　车1进1
⑦ 车九平六　　炮8平9
⑧ 车二进九　　马7退8
⑨ 马三进四　　车1平7
⑩ 炮八进四　　卒7进1
⑪ 车六平二　　马8进6
⑫ 兵三进一　　象5进7
⑬ 炮八平七　　象7退5　　⑭ 相七进五　　士4进5
⑮ 车二平八　　炮2平1　　⑯ 车八进六　　马3退4
⑰ 车八进一　　马4进3　　⑱ 车八平六　　卒5进1
⑲ 炮七进三

（本局选自2018年“博瑞杯”全国象棋个人锦标赛，武俊强胜宿少峰。）

第七章 象棋布局陷阱

象棋布局陷阱常常是通过弃子抢先、弃子夺势、弃子入局、先弃后取等手段，来引诱对方吃子，让对方得子失先，从而迅速掌控局面。其具有迷惑、引诱、隐蔽等特点，可使对方做出错误的判断，从而使己方取得棋局主动权。对一个初学者来说，掌握陷阱套路是非常有必要的。

弃马十三招

“弃马十三招”是著名的象棋布局陷阱，又名“顺炮横车破直车弃马局”，因其基本招法只需十三步即可成杀而得名。

①炮二平五　　炮8平5

②车一进一　　马8进7

③车一平六　　车9平8

④马二进三　　车8进6

⑤车六进七　　马2进1

⑥车九进一　　炮2进7（如图）

⑦炮八进五　　马7退8

⑧炮五进四　　士6进5　　⑨车九平六　　将5平6

⑩前车进一　　士5退4　　⑪车六平四　　炮5平6

⑫车四进六　　将6平5　　⑬炮八平五　　红胜

黑方贪吃红马后，红方利用其阵形弱点加以打击，从中路突破，利用千里照面杀法取胜。

屏风马弃马局

中炮过河车进七兵对屏风马弃马局是对攻激烈的布局体系之一，特别是弃马局方的弃马夺势很有反击力。随着布局体系的深入研究，屏风马弃马局有了新发展，可分为新式弃马局和老式弃马局。

① 炮二平五　马 8 进 7　② 马二进三　车 9 平 8

③ 车一平二　卒 7 进 1　④ 车二进六　马 2 进 3

⑤ 兵七进一　……

右图中黑方行棋，有炮 8 平 9、马 7 进 6、士 4 进 5、象 3 进 5、炮 2 进 4 等多种走法，其中最常见的是第一、第二种，后三种走法则易走成弃马局。

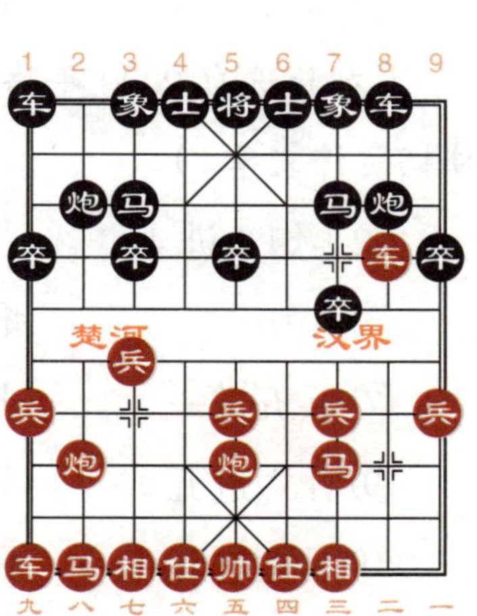

下面分别以士 4 进 5、炮 2 进 4 为例，试演如下：

（1）士 4 进 5

⑤ ……　士 4 进 5　⑥ 马八进七　象 3 进 5

⑦ 车二平三　炮 2 进 4　⑧ 兵三进一　卒 7 进 1

⑨ 车三进一　卒 7 进 1　⑩ 马三退五　炮 8 进 7

⑪ 炮五平二　车 8 进 4　⑫ 兵九进一　卒 3 进 1

⑬ 兵七进一　车 8 平 3　⑭ 马七进六　车 3 进 1

⑮ 马六退五　车 3 平 6　⑯ 后马进七　卒 7 平 8

⑰ 炮二平三　卒 8 进 1　⑱ 炮三进一　炮 2 退 2

⑲ 车九进三	车1平4	⑳ 车九平六	炮2平7
㉑ 车六进六	将5平4	㉒ 帅五进一	车6平3
㉓ 马五进七	马3进2	㉔ 相七进九	炮7平5
㉕ 相三进五	车3平4	㉖ 后马退八	马2进3
㉗ 炮三平七	车4进1	㉘ 车三退七	卒8进1
㉙ 兵五进一	车4平3	㉚ 兵五进一	车3进2
㉛ 帅五退一	卒5进1	㉜ 相九退七	车3平2
㉝ 炮八平九	卒5进1	㉞ 仕六进五	卒5进1
㉟ 炮九平六	将4平5	㊱ 炮六退二	卒5平6
㊲ 炮六进二	卒9进1	㊳ 炮六平七	卒6平7
㊴ 帅五平六	卒7平8	黑胜	

（本局选自2020年腾讯棋牌“天天象棋”全国象棋甲级联赛，陆伟韬负许文章。）

（2）炮2进4

⑤ ……	炮2进4	⑥ 马八进七	象3进5
⑦ 兵五进一	士4进5	⑧ 兵九进一	炮2平3
⑨ 仕六进五	车1平4	⑩ 车九进三	炮3进3
⑪ 马七进五	马7进6	⑫ 兵五进一	炮8平7
⑬ 车二平三	车8进3	⑭ 车三平二	炮7进4
⑮ 仕五进六	炮7平1	⑯ 马五进四	车4进7
⑰ 炮八退二	卒5进1	⑱ 车二退三	炮1进3
⑲ 车二平八	卒5进1	⑳ 马三进二	车4退3
㉑ 车八进四	将5平4	㉒ 马四进五	象7进5
㉓ 炮五进五	士5进6	㉔ 马二进三	士6进5
㉕ 车八平七	炮3退2	㉖ 炮八进二	车4进5

㉗ 帅五进一	车 4 退 1	㉘ 帅五进一	卒 5 进 1
㉙ 帅五平四	车 4 退 5	㉚ 帅四退一	车 4 平 7
㉛ 车七进二	将 4 进 1	㉜ 炮五平九	车 7 平 6
㉝ 帅四平五	车 6 平 4		

（本局选自 2013 年重庆首届“学府杯”象棋赛，许文章负孙浩宇。）

第三节 五七炮对屏风马互进七兵（红盖马三锤弃车飞刀）

① 炮二平五　马 8 进 7　② 马二进三　车 9 平 8

③ 车一平二　马 2 进 3

④ 兵七进一　卒 7 进 1

⑤ 炮八平七　象 3 进 5

⑥ 兵七进一　象 5 进 3

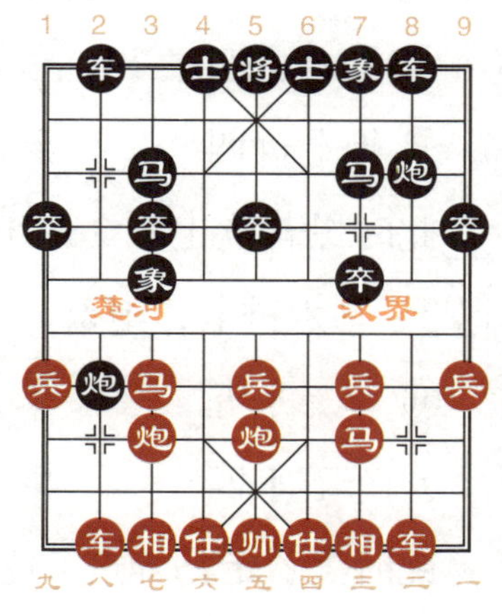

红方通过弃兵，迫使黑只能用象飞兵，不能用卒吃兵，否则丢马。至此，形成盖马架构。

⑦ 马八进九　车 1 平 2　⑧ 车九平八　炮 2 进 4

⑨ 马九进七　……

如图所示，看似红方走出“大漏”，因为黑方下一步有炮 2 平 5 将军抽吃红车的手段，但这其实是红方为黑方精心准备的一把飞刀。黑棋此时的正着应该走炮 8 进 4，形势略好。

⑨ ……　炮 2 平 5

黑果然上当,顿时形势急转直下。红方开启了弃车入局的精彩表演,黑方疲于应付，虽顽强抵抗，却难以挽回颓势。

⑩ 马三进五　　车 2 进 9　　⑪ 马五进四　　马 7 退 5

⑫ 马七进六　　……

此时红方也可改走马七进五,仍然大占优势。试演如下：象 3 退 5；马五进四，车 8 进 1；车二进七，车 8 平 6；马四进六，马 5 退 3；车二平五，士 4 进 5；炮七平六，车 2 退 8；车五平七，马 3 进 4；车七平六，车 2 退 1；车六平九，车 2 平 3；马六进七，车 3 进 1；车九进二，车 3 退 1；车九平七，红胜。

⑫……　　马 3 退 2

黑如改走马 3 退 1，则马六进四，车 8 进 1；马四进六，车 2 退 8；车二进七，车 8 平 6；炮七进四，车 2 平 4；炮七平五，红胜。

⑬ 马六进四　　车 8 进 1　　⑭ 车二进七　　车 8 平 6

⑮ 炮七进四　　象 3 退 5

此时黑若改走象 3 退 1，则红马四进六，车 6 进 2；炮七进三，象 1 退 3；马六进七，绝杀。

⑯ 车二平五　　车 2 平 3　　⑰ 车五退一　车 6 进 2

⑱ 车五平四　　象 7 进 5

此时黑若走马 5 进 6 吃车，则红炮七平五重炮杀。

⑲ 炮七平一　　绝杀

另外,还有一些冷门布局：比如敢死炮、铁滑车、瞎眼狗、九尾龟等,尤其是敢死炮和铁滑车在网络对局中经常出现，对于新手或者没有见过此类布局的棋手，第一次遇到往往不知如何应对，容易掉入对方设置的陷阱中去，并很快败下阵来。但这些非主流布局，在大赛中几乎很少出现，因为若对方应付得当，这种布局往往容易吃亏。

第八章 象棋中局技巧

在棋局的对弈中，我们经常会“一着不慎，满盘皆输”，让人追悔莫及。要想不断提高运子水平，就应在实战中不断总结，加强中局运子技巧训练，逐步提高能力。

第一节

捉 双

捉双包括一子同时攻击对方两子、两子分捉对方两子等形式，如一车吃双、一马踹双、一炮打双、一相飞双等。

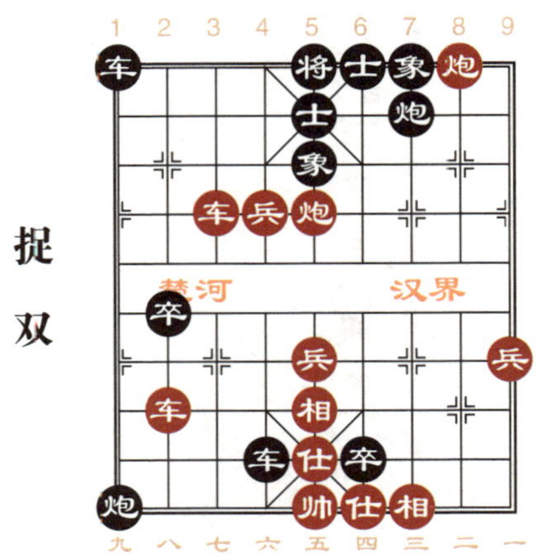

红方先行，利用捉双的手段，怎么走才能得子得势？

第二节

引 离

用弃子或兑子手段，把对方某个棋子从重要位置上引开。一般通过送子让对方吃（甚至对方不得不吃），使其位置不佳，然后用其余子力进行攻击。

参考着法：

① 车六进三　　士5退4

② 车九平四　　将6进1

③ 兵三平四　　将6进1

④ 马三进五　　将6退1

⑤ 马五进三　　将6退1

⑥ 马三进二　　将6进1

⑦ 炮一进二　　马后炮绝杀

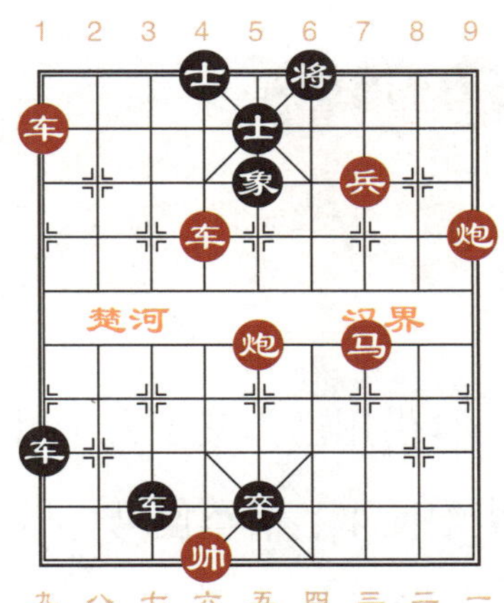

第三节 吸　引

用弃子手段把对方某个棋子从重要位置上引到我方的攻击点上，这种战术就叫吸引。

参考着法：

① 车四进一　　将5平6

② 车六进一　　将6进1

③ 马五退三　　将6进1

④ 车六退二　　象3退5

⑤ 车六平五　　红胜

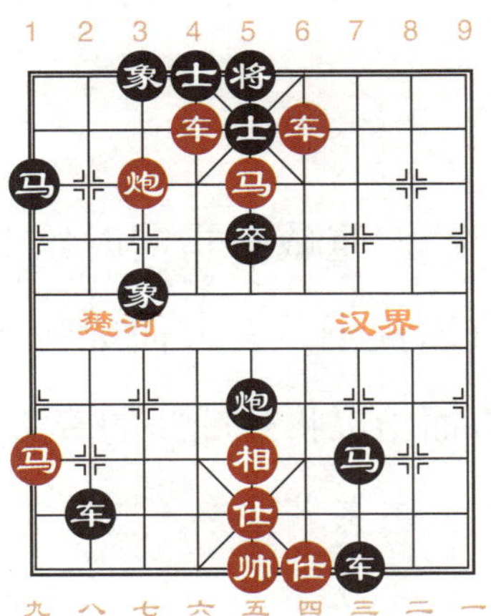

借 力

借用己方某子力作用，运动另一子展开攻杀的战术，如借炮使马、借炮使车、借车使马、借车使炮、借炮使兵。

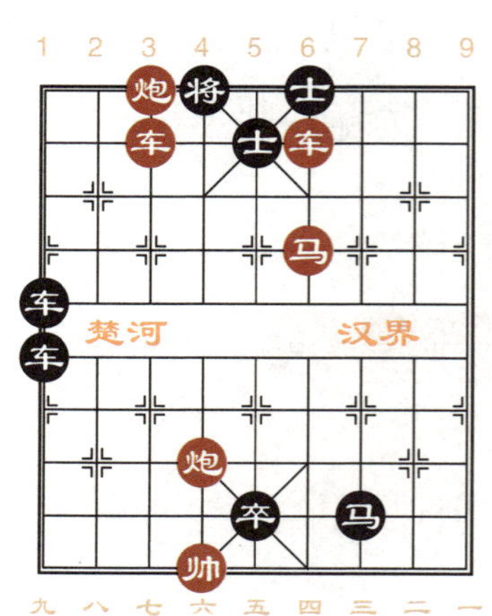

参考着法：

① 车四进一	士 5 退 6
② 马四进六	前车平 4
③ 马六进四	将 4 平 5
④ 马四进六	绝杀

双重威胁

双重威胁指同时给对方两个威胁，一方面捉子，一方面威胁将死或同时从两个方面给以将死威胁的着法。

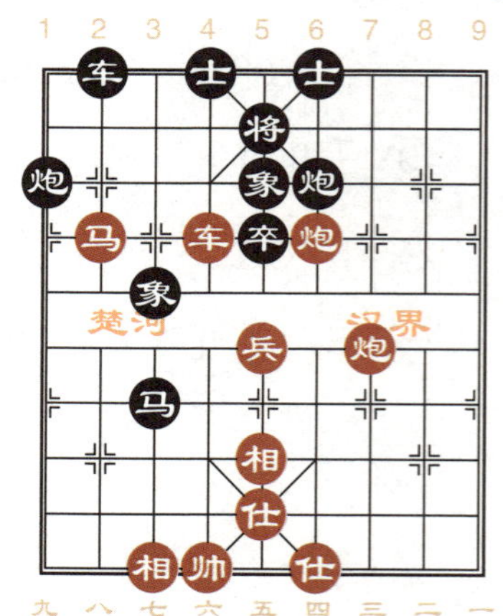

参考着法：

① 车六进二	将 5 退 1
② 车六平四	车 2 进 2

③ 炮三进五　　士 6 进 5　　④ 车四进一　　绝杀

第六节 闪击

闪击指如果走开一个棋子后可以形成走开的棋子攻击对方一个目标，露出的另一个棋子攻击对方其他目标的着法。

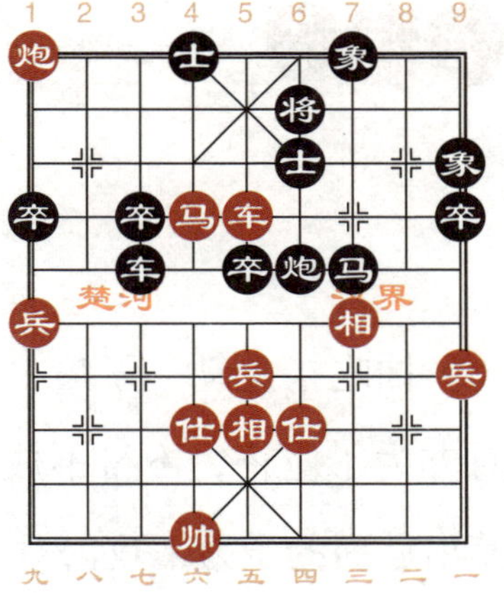

参考着法：

① 车五平二　　士 4 进 5

② 车二进二　　将 6 退 1

③ 马六退四　　将 6 平 5

红通过闪击战术，生擒一炮。

第七节 闪将

闪将就是走一步棋以后，闪开将军，类似拔簧马的着法。

参考着法：

① 车九平四　　将 6 退 1

② 炮三退六　　　将 6 进 1

③ 炮三平四　　　马 6 进 4

④ 炮五平四　　　绝杀

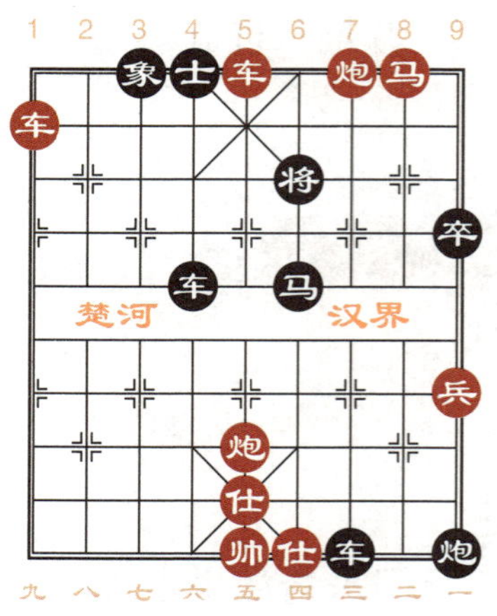

第八节 抽　吃

抽吃指走动一子后，一面照将，一面捉吃对方棋子的着法。此时对方为了应将，不得不放弃被抽的棋子。最常见的是走动前子，闪身露出后面的子力来攻击对方将、帅，使其为了应将而丢子。

参考着法（黑先）：

① ……　　　马 5 进 4

弃子引离，迫使红方支仕，给黑方闪将制造机会。

② 仕五进六　　　炮 4 平 5

③ 仕四进五　　　车 4 退 2

黑得车胜定。

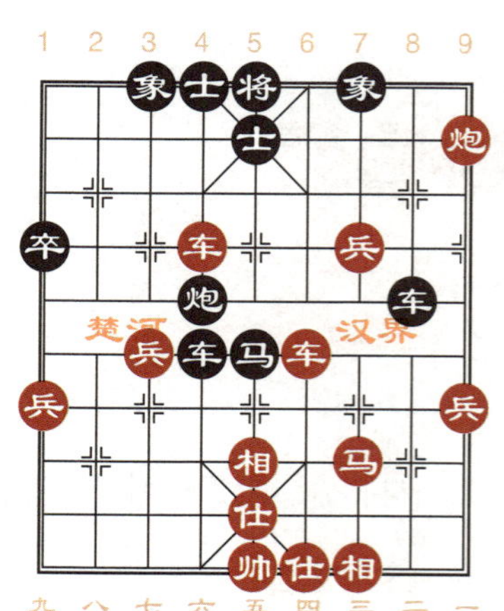

串打

串打指用车或炮进攻对方处于同一直线上的两个子力，使其中一个受到直接威胁，另一个受到间接威胁。（也可能是牵制对方两到三个子，再调动其他子发动攻击，对方往往很难避免失子。）

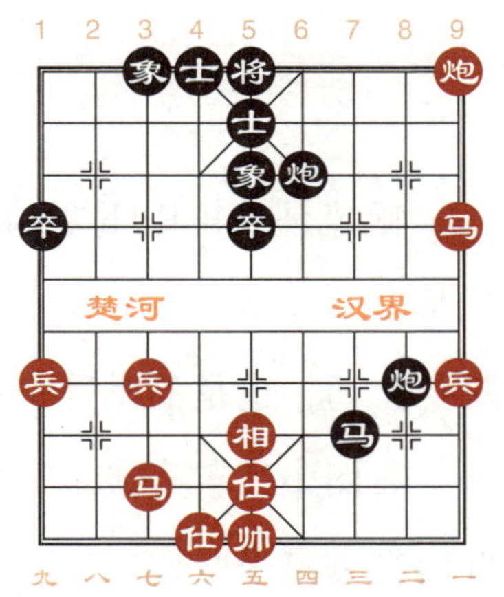

参考着法（黑先）：

① …… 炮 6 进 6

② 马七进六 炮 6 平 9

红方马、炮必丢其一。

弃子

弃子指通过主动放弃一些子力来争取有利的形势，以达到争先、取势、入局等目的，它是在“宁失一子，不失一先”的战略思想指导下以子力换取先手攻势的战术。

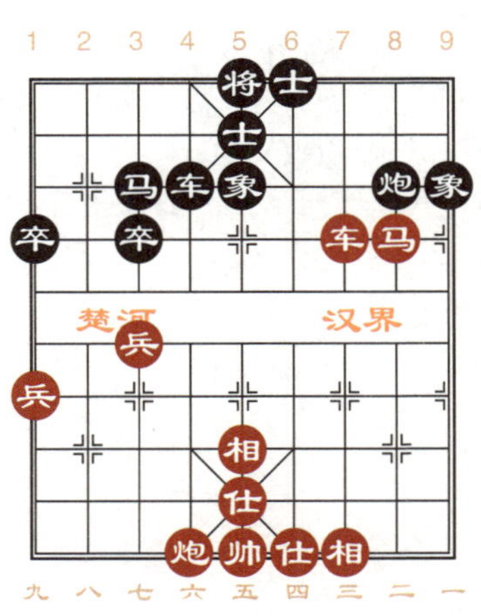

参考着法：

① 仕五进六　　车 4 进 5　　② 车三进一

至此，黑炮必丢。

顿　挫

顿挫是象棋中重要的过渡着法，是指通过将军、捉子、威胁等手段提高运子效率，达到抢先、得子或取胜的目的。顿挫技巧是一种常见的技巧，也是象棋爱好者必须掌握的技巧。

右图中红若直接走前炮平八做杀，势必会遭到黑方车 4 平 1 阻拦。此时红方可采取顿挫的手段，阻断黑车跟炮的路线，实现绝杀。

参考着法：

① 车八进七　　士 5 退 4

② 车八退三　　后士进 5

③ 前炮平八　　士 5 进 6

④ 炮九进五　　将 5 进 1

⑤ 车八进二　　红胜

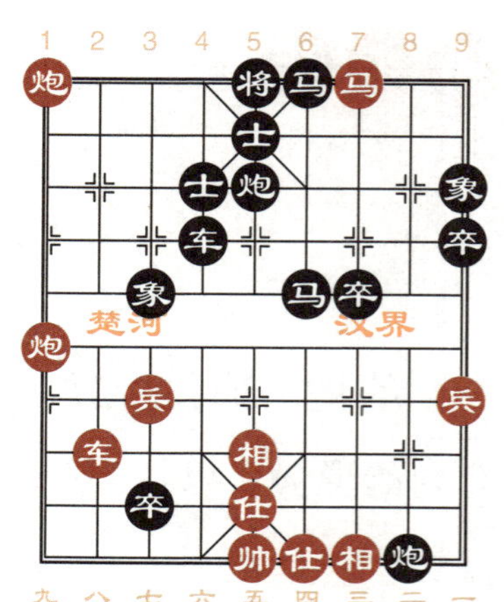

先弃后取

先弃后取是常用的一种战术手段，先有计划地舍弃一子，后续吃回对方一个价值相当的子力来获得补偿，从而达到兑子、争先或取势等目的，是对局中打破僵局、寻求战机和争取主动的常用战术。

参考着法（红先）：

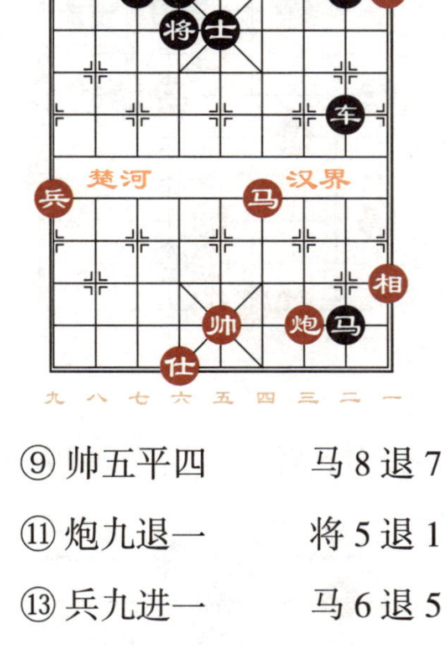

① 车一平二　车 8 退 3
② 马四进五　将 4 进 1
③ 马五退七　将 4 退 1
④ 马七进八　将 4 进 1
⑤ 马八进七　将 4 退 1
⑥ 马七退八　将 4 进 1
⑦ 炮三进七　士 5 进 6
⑧ 炮三平九　车 8 平 5
⑨ 帅五平四　马 8 退 7
⑩ 帅四退一　将 4 平 5
⑪ 炮九退一　将 5 退 1
⑫ 炮九进二　马 7 退 6
⑬ 兵九进一　马 6 退 5
⑭ 马八退六　将 5 平 6
⑮ 炮九平五　将 6 退 1
⑯ 帅四平五　将 6 平 5
⑰ 马六进七　将 5 进 1
⑱ 马七退五　将 5 退 1
⑲ 兵九平八

至此，马兵必胜双士。余着从略。

除上述几种中局战术以外，还有牵制、迂回、兑子、堵塞、拦截、腾挪、封锁、等着、拴链、困子、困毙、解杀还杀等战术技巧。

单元测试

一、杀法练习（提示：红先红胜）。

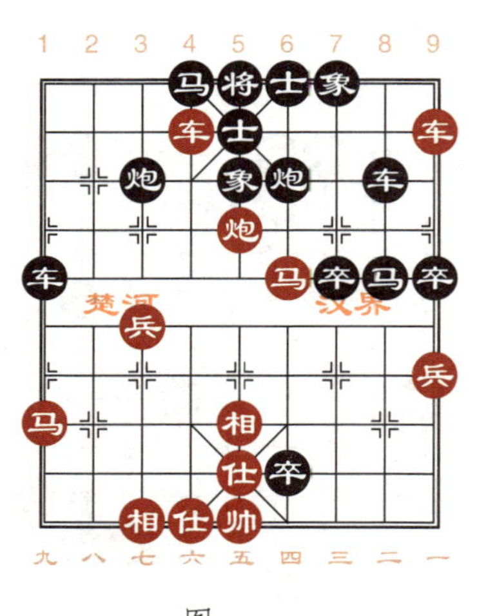

图一

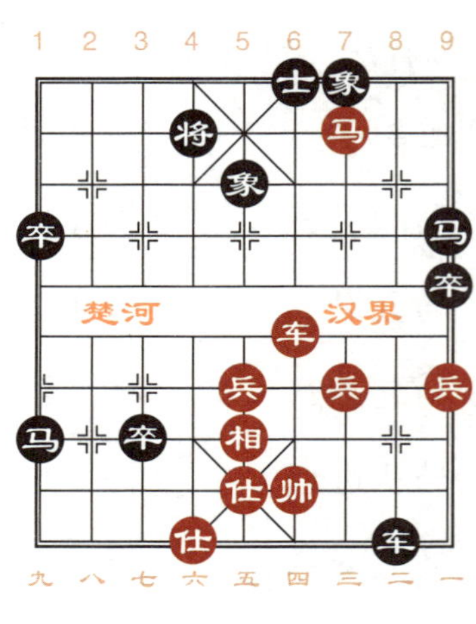

图二

二、下面四个棋图，红方先行，哪个可胜？哪个能和？

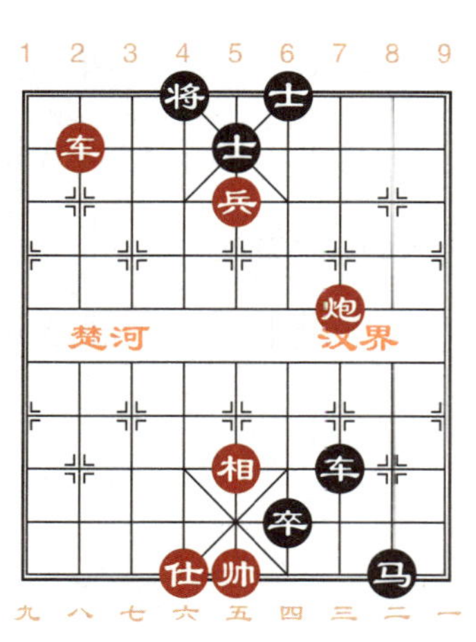

图一

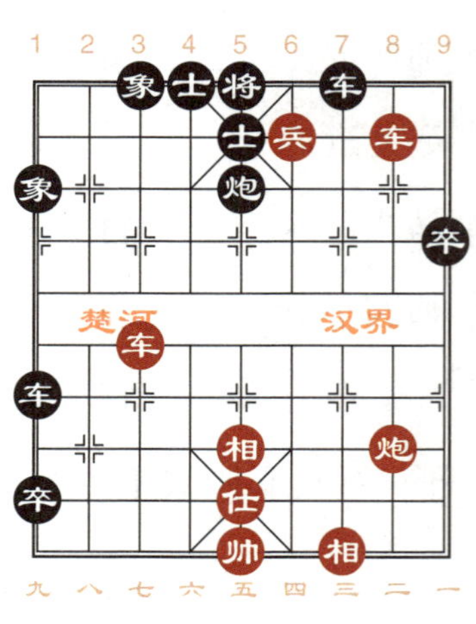

图二

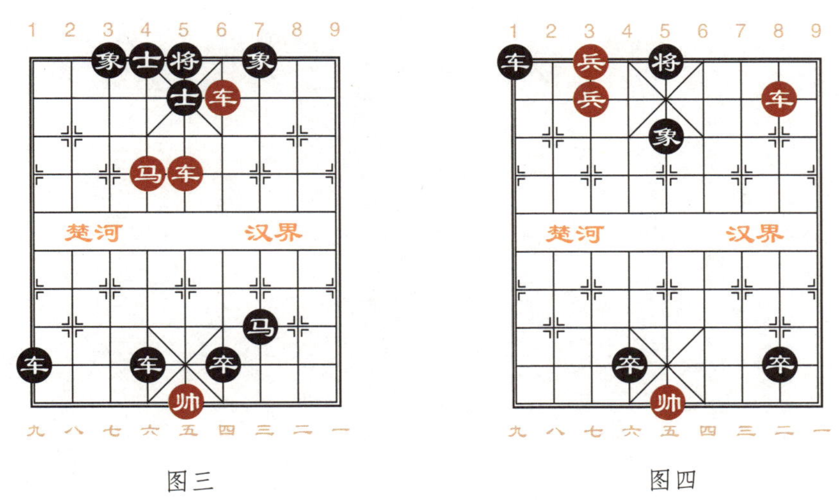

图三　　图四

三、如下图，当前局面轮到黑方行棋，该如何走可以取得较大优势？

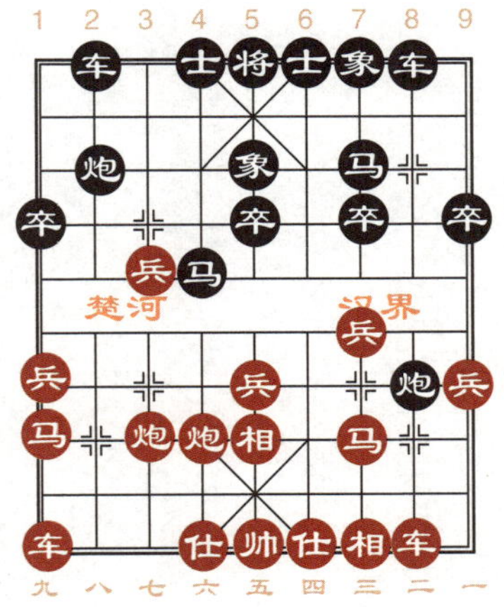

第九章 大师棋路

象棋大师们的棋局非常值得我们学习和研究。通过赏析对局，可以更好地理解大师们的思维方式、战略布局。当然，我们绝不能生搬硬套，而应该不断实践和总结，通过努力和探索，逐步提高自己的棋艺水平。

第一节

2023年“仙人指路杯”象棋大师邀请赛（选局）

广东　许国义　胜　四川　李少庚

仙人指路转左中炮对卒底炮飞左象（红先上仕）。

① 兵七进一	炮 2 平 3	② 炮二平五	象 3 进 5
③ 仕六进五	马 8 进 7	④ 马二进三	车 9 平 8
⑤ 兵三进一	炮 8 进 4	⑥ 炮八平六	炮 8 平 7
⑦ 马八进七	车 8 进 4	⑧ 马七进六	卒 3 进 1
⑨ 兵七进一	车 8 平 3	⑩ 相七进九	马 2 进 1
⑪ 车九平八	车 1 平 2	⑫ 车八进九	马 1 退 2
⑬ 车一平二	炮 3 平 1	⑭ 兵五进一	马 2 进 3
⑮ 马三进五	士 4 进 5	⑯ 车二进八	炮 7 平 1
⑰ 车二平四	后炮退 1	⑱ 车四退二	前炮平 2
⑲ 车四平三	炮 2 进 3	⑳ 马五退七	炮 2 平 1
㉑ 车三进一	后炮平 2	㉒ 帅五平六	车 3 进 2
㉓ 炮五平三	马 3 进 4		

贸然进攻，导致形势急转直下。此时黑可改走炮 2 进 8，稍显主动。

㉔ 炮六进三	炮 2 平 4	㉕ 相三进五	炮 4 进 4
㉖ 炮六平二	炮 4 退 3		

劣着！黑若改走将 5 平 4，不致速败。

㉗ 车三平五	车 3 平 7	㉘ 炮二平三	车 7 平 4
㉙ 帅六平五	将 5 平 4	㉚ 车五退一	

第二节 2016 年腾讯棋牌“天天象棋”全国象棋甲级联赛（选局）

浙江　王家瑞　负　四川　孙浩宇

中炮七路马对屏风马、红进中兵对黑双炮过河。

① 炮二平五	马 8 进 7	② 马二进三	车 9 平 8
③ 车一平二	马 2 进 3	④ 兵七进一	卒 7 进 1
⑤ 马八进七	炮 2 进 4	⑥ 兵五进一	炮 8 进 4
⑦ 车九进一	炮 2 平 3	⑧ 相七进九	车 1 平 2
⑨ 车九平六	炮 3 平 6	⑩ 车六进六	炮 6 进 1
⑪ 马七进六	炮 6 平 2	⑫ 马六进五	马 7 进 5
⑬ 炮五进四	车 8 进 3	⑭ 炮五退一	将 5 进 1
⑮ 车六平七	车 2 进 6	⑯ 马三退五	炮 8 退 1
⑰ 车七进一	将 5 退 1	⑱ 车七退一	将 5 进 1
⑲ 车二进一	卒 7 进 1	⑳ 马五进七	车 2 平 6
㉑ 车七进一	将 5 退 1	㉒ 车七平八	……

欠妥，此时可考虑走车七平六，大体均势。

㉒……	炮2退1	㉓车二平六	炮8平5
㉔车六进三	卒7平6	㉕车八平四	车6平5
㉖仕六进五	车5平4	㉗相三进五	车4退1
㉘马七进六	炮2平9	㉙马六进五	士4进5
㉚马五退三	象3进5	㉛马三退五	卒6平5
㉜帅五平六	车8平5	㉝车四退三	炮9平1
㉞炮五平八	卒5进1	㉟相五退三	炮1平7
㊱车四平六	炮7退4	㊲炮八进一	卒3进1
㊳炮八进三	士5进4	㊴兵七进一	车5平2
㊵炮八平九	车2进6	㊶帅六进一	炮7进6
㊷仕五进四	车2平6	㊸兵七进一	卒5平6
㊹车六进二	卒6进1	㊺车六平八	象5进3

黑胜。

2023年乐昌“桃花杯”全国象棋女子甲级联赛（选局）

广东　时凤兰　和　河北　张婷婷

五六炮左边马对反宫马。

① 炮二平五	马 2 进 3	② 马二进三	炮 8 平 6
③ 车一平二	马 8 进 7	④ 兵三进一	卒 3 进 1
⑤ 马八进九	象 7 进 5	⑥ 炮八平六	车 1 平 2
⑦ 车九平八	炮 2 进 4	⑧ 马九退七	炮 2 退 1
⑨ 兵九进一	士 6 进 5	⑩ 车八进三	炮 6 进 4
⑪ 马七进九	卒 3 进 1	⑫ 炮六平七	车 9 平 8
⑬ 车二进九	马 7 退 8	⑭ 炮七进二	炮 2 平 7
⑮ 车八进六	炮 7 进 4	⑯ 仕四进五	马 3 退 2
⑰ 炮五进四	马 8 进 7	⑱ 炮五退一	卒 7 进 1
⑲ 相七进五	炮 7 平 9	⑳ 马三进四	将 5 平 6
㉑ 炮七平五	马 2 进 3	㉒ 兵七进一	马 3 进 4
㉓ 后炮平六	马 4 退 2	㉔ 炮五平八	马 7 进 6
㉕ 炮六平五	马 6 退 7	㉖ 兵七进一	象 5 进 3
㉗ 炮五平八	马 2 退 4	㉘ 前炮平三	象 3 退 5
㉙ 炮三退四	马 4 进 3	㉚ 炮八进五	马 7 进 5
㉛ 马四进五	马 3 退 5	㉜ 马九进八	马 5 进 4
㉝ 炮三平四	炮 6 平 8	㉞ 仕五进四	将 6 平 5
㉟ 炮四平二	马 4 进 5	㊱ 马八进六	马 5 进 3
㊲ 帅五平四	象 5 进 7	㊳ 炮八退五	炮 8 退 5
㊴ 炮八平五	象 7 退 5	㊵ 仕四退五	马 3 退 4
㊶ 炮五平六	炮 9 平 7	㊷ 仕五进六	炮 7 退 7
㊸ 炮二平一	马 4 进 2	㊹ 马六退八	炮 7 平 9
㊺ 炮一进五	炮 9 进 4	㊻ 马八进九	马 2 退 1
㊼ 马九退八	炮 9 退 1	㊽ 炮六平九	炮 9 平 1

㊾ 马八进七	炮8平6	㊿ 兵五进一	士5进6
51 帅四平五	炮6平5	52 兵五进一	炮1平3
53 仕六进五	炮3平5	54 帅五平六	象5进3
55 炮一平四	前炮平3	56 马七退九	炮3平5
57 马九进八	象3退5	58 兵五平六	后炮平7
59 兵六进一	士6退5	60 马八退七	炮5平9
61 炮四平一	炮9退1	62 马七退六	炮9平6
63 马六进四	炮7平6	64 马四进二	前炮平4
65 帅六平五	炮4平5	66 仕五退六	象5进7
67 马二进三	炮6平7	68 兵六平五	象7退5
69 炮一进三	炮5平2	70 兵五平四	炮2进5
71 仕六进五	炮2退7	72 马三进一	炮7平8
73 马一退二	炮8进1	74 兵四平三	将5平6
75 炮一退二	炮2平1	76 兵三进一	炮8退1
77 马二退四	象5进7	78 炮一退四	炮8进5
79 炮一进三	炮8退3	80 炮一退二	炮8平5
81 仕五进四	炮5平6	82 马四进六	炮1平4
83 炮一平四	炮6平5	84 兵三平四	将6平5
85 兵四进一	士5进6	86 兵四进一	将5进1
87 炮四平六	将5进1	88 马六进八	士6退5
89 兵四平三	将5平6	90 炮六平一	象3进5
91 兵三平二	炮4平3	92 炮一退三	将6退1
93 炮一平四	士5进6	94 帅五平四	炮5平2
95 兵二平三	象7退9	96 兵三平二	象9进7

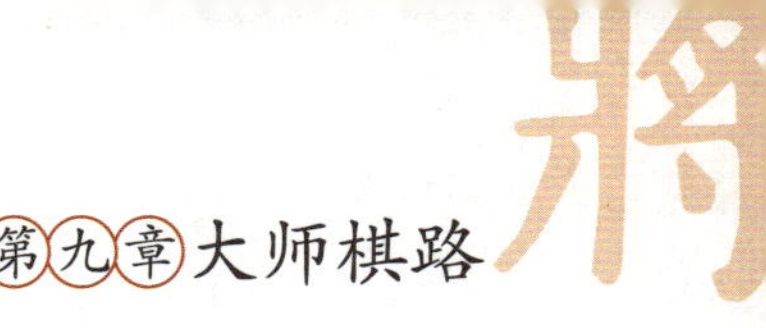

⑰	炮四平六	炮 3 退 2	⑱	炮六进八	炮 3 平 8
⑲	炮六退五	士 6 退 5	⑳	马八退六	炮 8 进 2
⑩	炮六平四	士 5 进 4	⑩	仕四退五	将 6 平 5
⑩	炮四平五	将 5 平 4	⑩	马六退七	炮 2 平 5
⑩	马七进九	将 4 平 5	⑩	马九进七	炮 8 平 6
⑩	炮五进一	将 5 平 6			

第四节 1998 年第 9 届“银荔杯”象棋争霸赛（选局）

广东　吕钦　和　上海　胡荣华

对兵转兵底炮对左中炮。

①兵七进一　卒 7 进 1　②炮二平三　炮 2 平 5

③相三进五　马 2 进 3　④兵三进一　炮 5 进 4

⑤仕四进五　象 7 进 5　⑥马二进四　炮 5 平 8

⑦兵三进一　车 1 平 2　⑧马四进五　卒 5 进 1

⑨兵三进一　卒 5 进 1　⑩马五进三　卒 5 平 6

⑪马三进四　马 8 进 6　⑫兵三进一　后炮进 3

⑬兵三平四　前炮平 6　⑭马四退六　炮 6 退 4

⑮马六退四　炮 6 进 2　⑯马四进六　马 3 进 5

⑰ 车一平四	马 5 退 7	⑱ 马八进九	车 2 进 4
⑲ 马六退五	车 9 平 8	⑳ 炮三平二	炮 8 平 5
㉑ 车九平八	车 8 进 5	㉒ 炮八平六	车 2 平 5
㉓ 车八进三	马 6 进 5	㉔ 马九进七	车 8 进 1
㉕ 马五进三	车 5 平 4	㉖ 兵七进一	车 4 进 2
㉗ 兵七平六	炮 5 平 6	㉘ 车四平三	后炮平 7
㉙ 车三平四	炮 6 平 5	㉚ 车八进一	马 5 进 4
㉛ 车八平六	车 4 退 1	㉜ 马七进五	车 4 平 5
㉝ 车四进七	马 7 退 9	㉞ 马三退四	车 5 进 1
㉟ 马四进二	车 5 平 8	㊱ 兵六进一	士 6 进 5
㊲ 车四平一	马 9 退 7	㊳ 兵六平五	马 7 进 6
㊴ 兵五平四	马 6 退 7	㊵ 车一退一	炮 7 平 2
㊶ 车一退一	炮 2 进 2	㊷ 兵一进一	车 8 退 3
㊸ 车一平八	炮 2 平 5	㊹ 车八平五	车 8 进 3
㊺ 兵一进一	马 7 进 8	㊻ 车五平四	车 8 平 9
㊼ 炮二平一	车 9 退 2	㊽ 车四退二	炮 5 退 1
㊾ 兵四平五	马 8 进 7	㊿ 车四平五	车 9 平 8
51 炮一平四	车 8 进 2	52 车五平二	马 7 进 8
53 炮四退一	卒 3 进 1	54 帅五平四	炮 5 平 6

1975 年江苏常州邀请赛（选局）

浙江　蔡伟林　和　江苏　徐乃基

中炮过河车对后补列炮。

①炮二平五　马8进7　②马二进三　车9平8

③车一平二　炮2平5　④车二进六　炮8平9

⑤车二平三　车8进2　⑥马八进九　马2进3

⑦炮八进二　炮9退1　⑧车九进一　车1平2

⑨炮八平七　马3退5　⑩车九平四　炮9平7

⑪车三平四　炮5进4　⑫马三进五　马5进6

⑬马五进三　马6退5　⑭马三进四　车8退1

⑮车四平八　车2平1　⑯炮七平九　象3进1

⑰车八平二　车8平9　⑱炮九平一　象7进9

⑲车二进六　炮7进5

⑳炮五进二

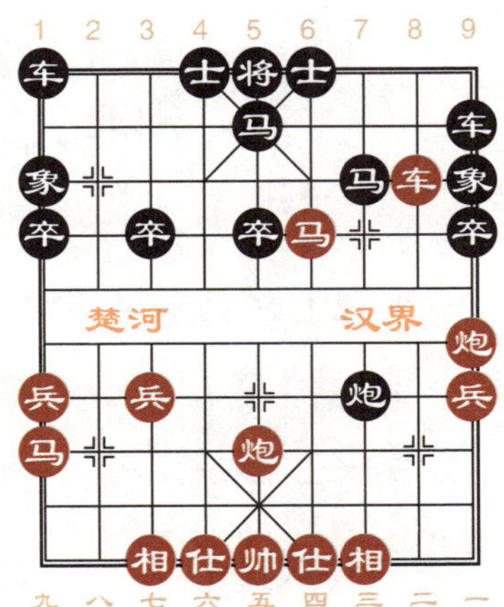

红方未能抓住机会，后来双方激战成和。

后经象棋一代宗师胡荣华复盘研究发现此时红方可改走车二平三，攻势强劲，试演如下：

⑳ 车二平三!	炮 7 平 5	㉑ 炮五进四	马 5 进 6
㉒ 车三平五	车 9 平 5	㉓ 炮一进三	……

红方大胆弃车!

㉓……	炮 5 退 4	㉔ 相七进五	马 6 退 7
㉕ 炮一平二	马 7 进 9	㉖ 炮二平三	马 9 退 7
㉗ 兵七进一	车 1 平 2	㉘ 马九进七	车 2 进 4
㉙ 马七进五	象 1 退 3	㉚ 马五进四	车 2 平 6
㉛ 马四进三	车 6 退 3	㉜ 马三进一	车 6 平 7
㉝ 马一退三	红胜		

经过胡老师的一番推演，整个棋局变得妙不可言，精彩绝伦，使我们进一步认识到马回窝心的弊端，更领略到炮沿河十八打的精妙。

第六节 2000 年第 1 届全国体育大会（选局）

湖北　洪智　负　广东　许银川

中炮七路马对屏风马。

① 炮二平五	马 8 进 7	② 马二进三	车 9 平 8
③ 车一平二	马 2 进 3	④ 兵七进一	卒 7 进 1
⑤ 马八进七	炮 2 进 4	⑥ 兵五进一	炮 8 进 4

⑦ 车九进一　炮2平3

⑧ 相七进九　车1平2

⑨ 车九平六　炮3平6（如图）

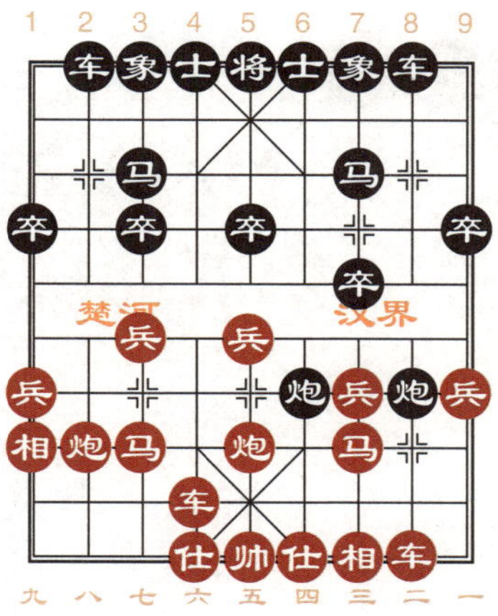

⑩ 车六进六　炮6进1

⑪ 兵五进一　炮6平3

⑫ 兵五进一　士4进5

⑬ 车六平七　马7进6

⑭ 兵五平六　象3进5

⑮ 兵六进一　马6进7　⑯ 兵六平五　马7进5

⑰ 炮八平五　炮3平7　⑱ 兵五进一　将5进1

⑲ 车七进一　将5退1　⑳ 车七退二　炮7平1

㉑ 车七平五　士6进5　㉒ 炮五进六　车8进3

㉓ 车五退三　炮1进2　㉔ 帅五进一　车2进8

㉕ 帅五进一　车2退1　㉖ 帅五退一　车2进1

㉗ 帅五进一　车2退6　㉘ 炮五平四　将5平6

㉙ 车二进二　车8退1　㉚ 车二进一　车8进4

㉛ 车五平二　车2平5　㉜ 帅五平六　将6进1

㉝ 兵七进一　将6平5　㉞ 车二平六　炮1平6

㉟ 帅六退一　车5进7　㊱ 车六进五　将5退1

㊲ 车六进一　将5进1　㊳ 车六平三　车5退5

㊴ 车三退一　炮6退8　㊵ 车三退二　炮6进1

㊶ 车三平七　炮6进2　㊷ 车七平一　炮6平3

㊸ 车一平六　卒7进1　㊹ 兵一进一　卒1进1

第七节

1990年"合作银行杯"南北超级棋星对抗赛（选局）

河北 李来群 负 上海 胡荣华

仙人指路转左中炮对卒底炮飞右象互进边马。

① 兵七进一	炮2平3	② 炮二平五	象7进5
③ 马八进九	马2进1	④ 车九平八	车1进1
⑤ 兵九进一	车1平4	⑥ 马二进三	车4进3
⑦ 车一平二	卒1进1	⑧ 炮八进六	卒1进1
⑨ 车八进七	车4平1	⑩ 马九进七	卒1进1
⑪ 炮五进四	士6进5	⑫ 马七进五	炮8平6
⑬ 车二进七	车1平5	⑭ 炮五平四	炮3退1
⑮ 车八退一	炮3平4	⑯ 车八退五	炮6退2
⑰ 车二退一	马8进6	⑱ 车二平一	马6进8
⑲ 车一进三	马8退9	⑳ 车八平六	马9进8
㉑ 炮四退三	马1进2	㉒ 兵七进一	卒3进1
㉓ 车六进七	卒3进1	㉔ 炮八退一	马8退7
㉕ 炮四进五	卒3平4	㉖ 相三进五	卒4平5
㉗ 兵五进一	车5平6	㉘ 炮四平三	车6退3
㉙ 炮三退一	车6进6	㉚ 马三退一	车6退1

㉛ 马一退三	炮 6 进 1	㉜ 马三进二	车 6 退 2
㉝ 车六退五	马 7 进 6	㉞ 仕六进五	象 5 进 7
㉟ 炮八退一	车 6 退 1	㊱ 炮八进三	车 6 平 4
㊲ 车六平五	马 6 退 4	㊳ 炮八退一	炮 6 进 1
㊴ 兵三进一	马 4 进 3	㊵ 炮八进一	车 4 进 5
㊶ 车五平二	象 7 退 9	㊷ 车二进六	士 5 退 6
㊸ 车二退一	炮 6 平 5	㊹ 炮三进二	士 6 进 5
㊺ 炮三平一	将 5 平 6	㊻ 车二进一	将 6 进 1
㊼ 车二退一	将 6 退 1	㊽ 车二进一	将 6 进 1
㊾ 车二退一	将 6 退 1	㊿ 马二进四	马 2 进 3
51 车二进一	将 6 进 1	52 车二退一	将 6 退 1
53 车二进一	将 6 进 1	54 相五进七	前马退 5
55 车二退一	将 6 退 1	56 车二进一	将 6 进 1
57 车二退一	将 6 退 1	58 车二进一	将 6 进 1
59 马四进二	马 3 进 5	60 车二退一	将 6 退 1
61 车二进一	将 6 进 1	62 炮八退一	士 5 进 4
63 马二进三	后马退 7	64 炮一平六	马 5 进 7
65 相七退五	车 4 平 2	66 炮八平九	将 6 平 5
67 帅五平六	车 2 进 1	68 车二退七	象 9 退 7
69 炮九进一	将 5 平 4	70 炮六平五	车 2 退 6
71 车二进一	车 2 平 4	72 帅六平五	后马进 6
73 车二进五	炮 5 退 1	74 炮五平六	车 4 平 3
75 帅五平六			

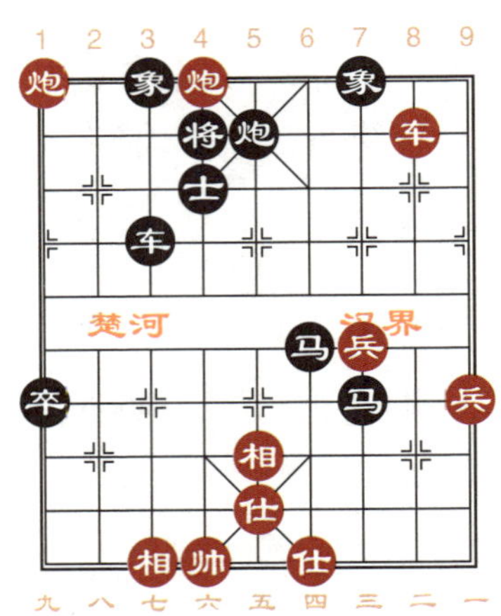

黑此时果断马 6 进 5，弃马踏相，迅速入局。至此，红方认负。

第八节 2008 年“松业杯”全国象棋个人赛（选局）

山西　周小平　负　广东　许银川

五八炮对反宫马。

① 炮二平五　　马 2 进 3　　② 马二进三　　炮 8 平 6

③ 车一平二　　马 8 进 7

对付红方中炮开局最常见的是屏风马，而此时黑方却选择了自己较少使用的反宫马，意在出其不意。

④ 兵七进一　　炮 2 平 1

平炮准备亮车，此刻也可选择走卒 7 进 1，另有变化。

⑤ 炮八进四　　　……

红方选择了五八炮攻法，进攻相对较为激烈。另也可改走炮八平六或炮八平七。

⑤ ……　　　车 1 平 2

黑方大胆弃空头，瞬间将局势引入复杂。若走象 3 进 5，红则马八进七，局面将趋于平稳。

⑥ 炮八平五　　　马 3 进 5　　　⑦ 炮五进四　　　车 2 进 8

强行伸车压马，是前面弃空头的连贯思维。

⑧ 车二进五　　　……

旨在避免黑车 9 平 8 兑车。

⑧ ……　　　炮 6 进 2

若改走车 9 平 8，红车二平四，炮 6 平 2，炮五退二，红方有攻势。

⑨ 炮五退二　　　……

红方仍想保留空头，没有吃炮，反而为后续留下隐患。应改走车二平四，以下黑马 7 进 5，车四平五，炮 1 平 2，车五进一，象 3 进 5，马三退五，车 9 进 1，马五进七，车 9 平 2，发展下去红方多兵略优。

⑨ ……　　　炮 6 平 1

黑方平炮打车。

⑩ 车二平五　　　马 7 进 5

奇思妙想！垫马“送”吃，然而红不能吃马，否则丢车。试演如下：车 5 进 1，士六进五，车 5 平 7，象七进五。黑再无后续手段。而九路车却无处可逃。

⑪ 车五平八　　　……

若改走车五平九吃炮，黑可马5进3，红车无路可逃。

⑪……　　马5进7　　⑫车八退四　　前炮进5

⑬相三进五　　车9平8

不惧红方空头炮，快速出车，大局观强的表现。若走马7进5，红兵五进一，虽消灭了空头，但同样自己的进攻也受阻。

⑭炮五平六　　马7退5　　⑮炮六平五　　马5进7

⑯炮五平六　　后炮平5　　⑰车八平七　　车8进7

⑱炮六退二　　马7进8　　⑲马八进七　　炮5平9

重新调整进攻路线，体现出许特大战术灵活多变。若此时走炮5进5，红车七平九，红方反夺主动。

⑳车七平三　　……

若走车七平九，黑炮9进4，红车九退一，黑炮9进3，仕四进五，车8进2，仕五退四，车8退1，仕四进五，马8进7，帅五平四，车8进1，帅四进一，车8退2，帅四退一，炮9退1，黑胜势。

⑳……　　卒7进1　　㉑兵三进一　　炮9平7

㉒车三平九　　卒7进1　　㉓车九退一　　炮7进5

㉔仕六进五　　炮7平4　　㉕仕五进六　　卒7平6

㉖马七进六　　车8平9

谋兵，先得实惠，为进入残局创造物质条件。

㉗车九进一　　车9退1　　㉘马六进七　　……

至此，黑方马位较好，9路卒也随时可以过河助战，黑方前景看好。

㉘……　　象7进5　　㉙车九平二　　士4进5

㉚马七进八　　马8退7　　㉛马八退九　　车9平5

㉜兵九进一　　车5退3　　㉝马九退八　　车5平2

㉞ 马八退九　　卒9进1

红马被赶回，黑趁机拱卒过河，优势逐渐扩大。

㉟ 仕六退五　　卒9进1　　㊱ 兵九进一　　卒9进1

㊲ 车二平四　　马7进6　　㊳ 车四进一　　卒9平8

㊴ 马九退七　　卒8平7　　㊵ 兵七进一　　象5进3

㊶ 马七进六　　卒6平5　　㊷ 马六进七　　卒5平4

前面几回合红方通过弃兵虽得一象，但对黑并构不成什么威胁，反观黑双卒已过河，威风凛凛，红岌岌可危。

㊸ 马七进九　　象3进1　　㊹ 相七进九　　卒4进1

㊺ 相五退七　　士5进4　　㊻ 车四平五　　士6进5

㊼ 车五平七　　卒4平3　　㊽ 车七平四　　车2平3

㊾ 仕五退六　　卒3进1

红马、兵陷入险地动弹不得，此时黑卒在车的掩护下长驱直入，黑方离胜利越来越近了。

㊿ 仕四进五　　卒3进1　　51 帅五平四　　卒3平4

52 帅四平五　　马6退7　　53 车四平六　　马7进8

54 车六平二　　士5退4　　55 车二平五　　将5平6

56 车五平四　　将6平5　　57 车四平五　　将5平6

58 车五平二　　车3平9　　59 仕五退四　　车9进4

60 车二退一　　车9平5　　61 仕六进五　　将6平5

至此红方认负。因为以下黑方伏有车5平4的绝杀手段，红无法应付。

后 记

天道酬勤，躬耕不辍。《象棋入门》终于和大家见面了！

这本书的编写，无论是从方案的安排，还是内容的选材，都倾注了编写组老师们的大量心血！参与者群策群力，多方搜集、整理了有关象棋文化、象棋基础、大师棋谱等具有较高参考价值的资料和文献，在此深表谢意！虽然我们已经很努力，在编写的过程中反复酝酿、推敲、校对、审核，但百密难免一疏，加之水平有限，呈现在眼前的作品还略显粗糙，书中仍有疏漏之处，敬请广大读者批评、指正。

编者